Reihe Rechtswissenschaft
Band 173

Die Spaltung von Aktiengesellschaften zwecks Privatisierung im Vergleich Deutschland – Frankreich

Christophe Jäger

Centaurus Verlag & Media UG 1995

Die Deutsche Bibliothek – CIP-Einheitsaufnahme

Jäger, Christophe:
Die Spaltung von Aktiengesellschaften
zwecks Privatisierung im Vergleich
Deutschland – Frankreich / Christophe Jäger. –
Pfaffenweiler : Centaurus Verl.-Ges., 1995
(Reihe Rechtswissenschaft ; 173)
Zugl.: Freiburg (Breisgau), Univ., Diss., 1994
ISBN 978-3-89085-937-8 ISBN 978-3-86226-378-3 (eBook)
DOI 10.1007/978-3-86226-378-3

NE: GT

ISSN 0177-2805

Satz: Vorlage des Autors

Vorwort

Die vorliegende Arbeit hat im Wintersemester 1993/94 der Juristischen Fakultät der Albert-Ludwigs-Universität Freiburg als Dissertation vorgelegen. Für die Drucklegung wurden Rechtsprechung und Literatur bis Juli 1994 eingearbeitet. Zu diesem Zeitpunkt lagen für die Rechtslage de lege ferrenda der Diskussions- und der Referentenentwurf eines Gesetzes zur Bereinigung des Umwandlungsrechtes vor.

Frau Prof. Dr. Christine Windbichler, die die Arbeit angeregt und betreut hat, bin ich zu besonderem Dank verpflichtet. Ihre Beratung und Gesprächsbereitschaft waren mir stets eine wichtige Hilfe in meiner Arbeit. Herzlicher Dank gilt auch Herrn Prof. Dr. Fritz Rittner für die Erstellung des Zweitgutachtens, Herrn Prof. Dr. Dr. h.c. Manfred Löwisch für die Abfassung des Drittgutachtens und Herrn Prof. Dr. Meinrad Dreher für seine wertvollen Anregungen und hilfreichen Gespräche.

Schließlich möchte ich mich auch bei Frau Rechtsreferendarin Ute Melcher und den Herren Rechtsreferendaren Karl-Friedrich Dumoulin und Clemens Pfister bedanken, die mir bei der Durchsicht der Arbeit eine wertvolle Hilfe waren.

Freiburg, im Juli 1994

Christophe Jäger

INHALTSVERZEICHNIS

Abkürzungsverzeichnis:

a.A.	anderer Ansicht
a.a.O.	am angegebenen Ort
Abs.	Absatz
AcP	Archiv für die civilistische Praxis
AktG	Aktiengesetz
Anm.	Anmerkung
ArbuR	Arbeit und Recht
AuA	Arbeit und Arbeitsrecht
Aufl.	Auflage
BB	Betriebsberater
Bd.	Band
BetrVG	Betriebsverfassungsgesetz
BGB	Bürgerliches Gesetzbuch
BGH	Bundesgerichtshof
BlStSozArbR	Blätter für Steuern, Sozialversicherung und Arbeitsrecht
BMJ	Bundesministerium der Justiz
BR-Drucks.	Bundesratsdrucksache
Bull.	Bulletin
Bull. civ.	Bulletin des arrêts de la Cour de cassation rendu en matière civile
BuW	Betrieb und Wirtschaft
bzw.	beziehungsweise
C.C.	Code civil
C.O.B.	Commmission d'opération des bourses
Cass. civ.	Cour de cassation, chambre civile
Cass. com.	Cour de cassation, chambre commerciale
Cass. soc.	Cour de cassation, chambre sociale
d.h.	das heißt
DB	Der Betrieb
ders.	derselbe

Die AG	Die Aktiengesellschaft
dies.	dieselben
DisE	Diskussionsentwurf eines Gesetzes zur Bereinigung des Umwandlungsrechts
Diss.	Dissertation
DM	Deutsche Mark
DtZ	Deutsch-Deutsche Rechtszeitschrift
DWiR	Deutsche Zeitschrift für Wirtschaftsrecht
Ed.	Edition
EuGH	Europäischer Gerichtshof
Fasc.	Fascicule
FAZ	Frankfurter Allgemeine Zeitung
FF	Francs Français
FGG	Gesetz zur freiwilligen Gerichtsbarkeit
Fn.	Fußnote
Gaz. Pal.	Gazette du Palais
GmbH	Gesellschaft mit beschränkter Haftung
GmbHR	GmbH-Rundschau
HGB	Handelsgesetzbuch
Hrsg., hrsg.	Herausgeber, herausgegeben
i.V.m.	in Verbindung mit
J.C.P.	Jurisclasseur périodique, La semaine juridique
JuS	Juristische Schulung
m. Anm.	mit Anmerkung
m.w.N.	mit weiteren Nachweisen
NJW	Neue Juristische Wochenschrift
Nr.	Nummer
NZA	Neue Zeitschrift für Arbeits- und Sozialrecht
RdA	Recht der Arbeit
Rdnr(n).	Randnummer(n)
RefE	Referentenentwurf eines Gesetzes zur Bereinigung des Umwandlungsrechts
Rev. des soc.	Revue des sociétés

Rev. trim. dr. com.	Revue trimestrielle de droit commercial
RIW	Recht der internationalen Wirtschaft
S.	Seite; Satz
s.o.	siehe oben
somm.	sommaire
somm. com.	sommaire commenté
SpTrUG	Gesetz über die Spaltung der von der Treuhandanstalt verwalteten Unternehmen
TreuhG	Gesetz zur Privatisierung und Reorganisation des volkseigenen Vermögens (Treuhandgesetz)
u.a.	unter anderem
vgl.	vergleiche
VIZ	Zeitschrift für Vermögens- und Investitionsrecht
WM	Zeitschrift für Wirtschafts- und Bankrecht, Wertpapiermitteilungen
WR	Wirtschaftsrecht
z.B.	zum Beispiel
ZGR	Zeitschrift für Unternehmens- und Gesellschaftsrecht
ZHR	Zeitschrift für das gesamte Handelsrecht und Wirtschaftsrecht
ZIP	Zeitschrift für Wirtschaftsrecht
ZVglRWiss.	Zeitschrift für vergleichende Rechtswissenschaft

Einleitung

Am 12. April 1991 trat das Gesetz über die Spaltung der von der Treuhandanstalt verwalteten Unternehmen (SpTrUG) in Kraft. Ziel dieses Gesetzes ist es, die Spaltung für die unmittelbar oder mittelbar von der Treuhandanstalt verwalteten Unternehmen in wesentlichem Umfang zu vereinfachen und zu verbessern. Das Thema Spaltung - jetzt im Rahmen der Wiedervereinigung akut geworden - ist seit Jahren schon aktuell.[1] Auch angesichts der gesetzlichen Regelungen in den Nachbarländern (vor allem in Frankreich) und des Erlasses der Sechsten Richtlinie der Europäischen Gemeinschaften vom 17.12.1982 wurde die Diskussion belebt.[2]

Die Spaltung wird seit langem als notwendiges Instrument einer gesunden Unternehmenspolitik angesehen. Der deutsche Gesetzgeber war großer Kritik ausgesetzt, da bis heute eine gesetzliche Regelung für die Spaltung von Unternehmen fehlt.[3] Erst 1988 stellte das Bundesministerium der Justiz den Diskussionsentwurf eines Gesetzes zur Bereinigung des Umwandlungsrechts und 1992 den Referentenentwurf hierzu vor.

Für die Durchführung einer Spaltung können zahlreiche Gründe bestehen. Im Schrifttum wurden diese bislang überwiegend in zwei Gruppen aufgeteilt:[4]

Die Spaltung kann entweder als Alternative im Rahmen einer Unternehmensteilung auftreten oder aber wegen Motiven, die nur durch Spaltung realisiert werden können.

---

1 Allerdings findet sich wenig Literatur zu diesem Thema. Auch in den Lehrbüchern zum Gesellschaftsrecht wird dieses - wenn überhaupt - meistens nur sehr knapp angesprochen. Erst in letzter Zeit sind anläßlich der Spaltungen durch die Treuhandanstalt vermehrt Aufsätze herausgegeben worden.

2 Sechste gesellschaftsrechtliche Richtlinie des Rates der Europäischen Gemeinschaften vom 17.12.1982 betr. die Spaltung von Aktiengesellschaften, abgedruckt in Abl.EG Nr. L 378 v. 31.12.1982, S. 47 ff. Siehe hierzu u.a. Bärmann, ZVglRWiss. 81 (1982), 251; ebenso Teichmann, Die AG 1980, 85 ff. und Zöllner, ZGR 1993, 334, 342.

3 Vgl. u.a. Herzig, DB 1986, 1401; Duden/Schilling, Die AG 1974, 202; Teichmann, Die AG 1980, 85 f.; Hahn, GmbHR 1991, 242; K. Schmidt, Festschrift für Heinsius, S. 717; Dornberger/Dornberger, DB 1990, 3042 ff.

4 Sehr ausführlich zu den möglichen Gründen einer Spaltung Himmelreich, Unternehmensteilung durch partielle Universalsukzession, S. 7 f.; Ott, Die Realteilung einer Kapitalgesellschaft im Ertragsteuerrecht, S. 21 f. Dieser trennt zwischen organisatorischen und geschäftspolitischen Gründen.

Andere Literaturstimmen unterscheiden zwischen der Spaltung als mögliche alleinige Maßnahme und der Spaltung als Glied eines Handlungsbündels.[5]

Ganz konkret tritt die Spaltungsmethode seit der deutschen Wiedervereinigung im Rahmen der Treuhandtätigkeit zum Vorschein. Spaltungsgrund ist hier die leichtere Veräußerlichkeit der geschaffenen Einheiten. Diesen Aspekt der Spaltung gab es früher nicht. Angesichts der Wiedervereinigung müssen in den kommenden Jahren eine sehr große Anzahl von Unternehmen, die früher im Eigentum der DDR standen, privatisiert werden. Die Privatisierung erfolgt durch die durch Beschluß des Ministerrates der DDR am 1. März 1990 errichtete Treuhandanstalt. § 1 Abs. 3 TreuhG führt den gesetzlichen Privatisierungsauftrag ein, dessen nähere Gestaltung in § 2 Abs. 6 TreuhG ansatzweise geregelt ist. Nach Art. 25 des Einigungsvertrages vom 31.08.1990 gilt das TreuhG mit Wirksamwerden des Beitritts - unter Berücksichtigung der in diesem Artikel enthaltenen Maßgaben - fort.

Im Rahmen dieser Privatisierungswelle stellen sich zahlreiche Probleme. Das wesentlichste Problem ist sicherlich die Bewältigung der Privatisierung von sehr großen Unternehmen.[6] Vornehmlich in den siebziger Jahren wurden in der DDR viele Unternehmen konzentriert, deren Privatisierung heute sehr diffizil ist.[7] Hier bietet sich eine Entflechtung dieser Gesellschaften an. In der Regel ist dies sogar der einzige Weg, eine Privatisierung zu erreichen.[8] Zu diesem Zweck wurde eigens das schon erwähnte Gesetz zur Spaltung von Treuhandunternehmen (SpTrUG) geschaffen und

---

5 Zu dieser Art der Unterscheidung siehe Kottmann, Die Spaltung einer Aktiengesellschaft, S. 6 ff.

6 Siehe den Bericht im Handelsblatt vom 6./7.12.1991, Nr. 235, S. 5, "Privatisierungsauftrag der Treuhand gerät zunehmend in die öffentliche Kritik". Siehe Wissenbach, WR 1991, 191 ff.

7 BR-Drucks. 71/91 vom 8.2.1991, S. 14.

8 So auch Knüpfer,WR 1991, 137; Ganske, DB 1991, 791; ders., DB 1992, 125 f.; Strobel, BB 1991, 636, 638; Weimar, DB 1991, 373, 374; ders., DtZ 1991, 182; vergl. auch den Bericht von Klaus Kemper in der FAZ Nr. 200 vom 29. August 1991, S.11, "Die Entflechtung ostdeutscher Unternehmen soll forciert werden" und den Bericht in der FAZ vom 3. September 1991, Nr. 204, S. 19, "Mit der Privatisierung in Ostdeutschland werden auch die Unternehmen kleiner". Siehe auch Purwins, VIZ 1991, 41, 43 f.; Wild, in: Hommelhoff, Treuhandunternehmen im Umbruch, S. 1, 10 f.; R. Schmidt, in: Hommelhoff, Treuhandunternehmen im Umbruch, S. 17, 23; Horn, in: Hommelhoff, Treuhandunternehmen im Umbruch, S. 133, 138 ff., 171; Jürgen W. Möllemann, "Staatsholding - nein danke! Ostdeutsche Unternehmen sollen nicht in Staatsbesitz bleiben", FAZ Nr. 99 vom 28. April 1992, Verlagsbeilage Unternehmensbeteiligungen, Seite B 2; zum Erfolg der Spaltungsmethode siehe zuletzt den Bericht von Klaus Kemper in der FAZ Nr. 107 vom 8. Mai 1992, S. 15, "Treuhand will Privatisierung schon 1993 abschließen".

am 5.4.1991 erlassen.[9] Eine Spaltung ist empfehlenswert, zumal viele Unternehmen diese Fusionen überhaupt nicht verkraftet haben.[10]

Die Privatisierung in den neuen Bundesländern erfolgt in zwei Schritten:

- Erstens sind die bisher volkseigenen Betriebe und Kombinate und die sonstigen sozialistischen Wirtschaftseinheiten gemäß §§ 11 ff. TreuHG umzuwandeln.[11] Umgewandelt wurden bis zum 1. Juli 1990 7492 VEB und sonstige Betriebe.[12]
- Zweitens hat die Treuhandanstalt diese umgewandelten Betriebe durch Verkauf an Private zu privatisieren. In vielen Fällen ist allerdings - für diese zweite Stufe - eine Entflechtung der Kapitalgesellschaften erforderlich.[13] Im Rahmen der vorliegenden Arbeit wird allein diese zweite Stufe, die letztendlich zur Privatisierung führt, untersucht. Das Verfahren dieser Entflechtung, seine Gründe und seine Tauglichkeit als Mittel zu einer anschließenden Privatisierung sollen ermittelt werden.

Aber abgesehen von dem konkreten Fall der Privatisierung im Rahmen der Treuhandtätigkeit könnte die Spaltung von Kapitalgesellschaften allgemein ein geeignetes Mittel zur Privatisierung sein. Das Verfahren bei der Spaltung von Kapitalgesellschaften außerhalb der von der Treuhandanstalt verwalteten Unternehmen wird in dieser Arbeit ebenfalls untersucht. Es sollen die Unterschiede festgestellt werden, die sich aus dem Kontext der Privatisierung ergeben, vor allem die Rolle der Hauptversammlung und des Vorstandes bei einer "normalen" Spaltung (die nicht zwecks anschließender Privatisierung erfolgt) und ihre Rolle bei nachfolgender Privatisierung. Da das SpTrUG nur für die Unternehmen gilt, deren Anteile sich in den Händen der Treuhandanstalt befinden, stellt sich das Problem der fehlenden gesetzlichen Regelung für alle restlichen Unternehmen in Deutschland. Die Spaltung von Unter-

---

9 Zum Zweck und Ziel des SpTrUG siehe Urteil des Kreisgerichts Erfurt vom 29.1991, ZIP 1991, 1233, 1254 f.; BR-Drucks. 71/91 vom 8.6.1991, S. 18/19 des Regierungsentwurfs.

10 So auch Möschel Festschrift für Kellermann, S. 309, 314; Kübler, in: Hommelhoff, Treuhandunternehmen im Umbruch, S. 79, 90 f., bezeichnet die Spaltung als "stille Liquidation". Als solche versteht dieser die ohne formellen Liquidationsbeschluß erfolgende Auflösung einer Gesellschaft.

11 Allgemein zur Umwandlung in der ehemaligen DDR siehe Wissenbach, WR 1991, 191 ff.; Rosener/Roitzsch, DtZ 1990, 38 f.; Lachmann, DtZ 1990, 238 f.; Timm, ZIP 1991, 413 ff.; Weimar, BB 1991, Beil. 13, S. 12 ff.; ders., ZIP 1992, 73 ff.; Semler, BB 1991, Beil. 13, S. 9 ff.

12 Zu den Zahlen vgl. Horn, Festschrift für Kellermann, S. 201 ff. (siehe da Fußn. 1); siehe auch Adomeit/Eiden/Schack, AuA 1991, 5.

13 Möschel, Festschrift für Kellermann, S. 309, 313 f.

nehmen außerhalb der Treuhandtätigkeit soll auch im Hinblick auf die vom Bundesministerium der Justiz 1988 und 1992 vorgelegten Entwürfe eines Gesetzes zur Bereinigung des Umwandlungsrechts (Diskussions- und Referentenentwurf) untersucht werden.

Um eine solche Analyse ergiebig zu machen, ist der Vergleich mit anderen Ländern von großem Nutzen. Im konkreten Fall bietet sich ein Vergleich mit Frankreich an, da dort sowohl auf dem Gebiet der Privatisierung als auch auf dem der Spaltung langjährige Erfahrungen gesammelt werden konnten. In dem ständigen "Zwei-Takt" der Privatisierung und Verstaatlichung von französischen Unternehmen, der bei fast jedem Regierungswechsel wieder aktiviert wird (vergleiche die Regierungswechsel 1981 und 1986), zeigt sich gerade die "Routine" der französichen Wirtschaft auf diesem Terrain.[14] Auch ist zu berücksichtigen, daß die Spaltung als sogenannte scission seit dem Gesetz von 1966 betreffend die Handelsgesellschaften gesetzlich geregelt ist. Sowohl in Deutschland als auch in Frankreich (hier noch in weit größerem Umfang) hält der Staat Anteile an Unternehmen in seinen Händen.[15] Die Spaltung ist in Frankreich als übliche Methode der Privatisierung in Art. 1 des Gesetzes Nr. 86-912 vom 6. August 1986 vorgesehen. Trotz der gesetzlichen Möglichkeiten, die eingeräumt werden, sind Spaltungen zwecks Privatisierung in Frankreich bislang auf Grund dieses allgemeinen Gesetzes aber nicht vorgekommen. Im Rahmen dieser Arbeit soll gezeigt werden, ob diese Methode jedoch geeignet ist, eine Privatisierung durchzuführen. Eine Rechtsvergleichung zwischen Deutschland und Frankreich erscheint somit sehr naheliegend und aktuell. Auch soll auf die Sechste Richtlinie der Europäischen Gemeinschaften vom 17.12.1982 Bezug genommen werden. Eine richtlinienkonforme Auslegung ist in Zweifelsfällen geboten.

Die Untersuchung wird sich auf Spaltungen von Kapitalgesellschaften beschränken. In der Regel haben die zu spaltenden gesellschaften die rechtliche Form einer Kapitalgesellschaft. Das Verfahren hierzu weicht erheblich von demjenigen der Spaltung von Personenhandelsgesellschaften ab. Letzteres erklärt sich vor allem aus der Tat-

---

14 Zur ständigen Privatisierung und Verstaatlichung vgl. Cavenière/Debene, Sociétés privatisées et stratégies actionnariales, Rev. des Soc. Nr. 107, 1989, 589 ff.; Pochet, Rev. trim. dr. com. 1989, 369, 371, "Réflexions sur le régime juridique des privatisations"; siehe auch Sonnenberger/Dammann, Französisches Handels- und Wirtschaftsrecht, III 1 ff., S. 106 f.

15 Vgl. zur Rechtslage in Deutschland, Rittner, Wirtschaftsrecht, unter § 10 Rdnr. 22, S. 194 f.

sache, daß bei Personenhandelsgesellschaften ein Gesamthandsvermögen besteht im Gegensatz zum Gesellschaftsvermögen bei den Kapitalgesellschaften.[16] Auch wird sich die Arbeit auf die Spaltung von Aktiengesellschaften beschränken, da diese Rechtsform bei spaltungsbedürftigen Unternehmen die weitaus häufigste ist. Eine hinzukommende Behandlung der GmbH würde den Rahmen dieser Arbeit sprengen.

16 Siehe Klunzinger, Gesellschaftsrecht, S. 26 f., 57, 105.

ERSTER TEIL: SPALTUNGEN IN DEUTSCHLAND

A) Rechtslage nach heutigem Recht außerhalb der Treuhandtätigkeit

I) Grundlagen

Die Spaltung einer Aktiengesellschaft erfolgt dadurch, daß das Gesellschaftsvermögen einer Gesellschaft auf künftig mehrere Gesellschaften aufgeteilt wird, an der die Gesellschafter der bisher einen Gesellschaft beteiligt sind. Die Terminologie ist heftig umstritten.[17] Oft wird auch der Begriff "Realteilung" benutzt. Unter den Begriff Spaltung fallen die Aufspaltung, die Abspaltung und die Ausgliederung:[18]

1) Begriff der Spaltung

a) Aufspaltung: Diese wird auch "vertikale" Spaltung genannt.[19] Bei dieser Form der Spaltung teilt ein übertragendes Unternehmen unter Auflösung mit anschließender Abwicklung sein gesamtes Vermögen auf und überträgt dieses auf mindestens zwei andere entweder schon bestehende oder neu zu gründende Unternehmen. Wie bei der Verschmelzung erfolgt dies gegen Gewährung von Anteilen der übernehmenden oder neuen Unternehmen an die Anteilsinhaber des übertragenden Unternehmens.

---

17 Kottmann, Die Spaltung einer Aktiengesellschaft, S. 1 ff.; Duvinage, Die Spaltung von Personengesellschaften, S. 21 ff.; Schulze-Osterloh, ZHR 149 (1985), 615 f. Gäbelein, DB 1989, 1420, spricht von einem "terminologischen Wirrwarr" auf diesem Rechtsgebiet.

18 Zu den verschiedenen Definitionen siehe im einzelnen: Hahn, GmbHR 1991, 242, 244 f.; Bärmann, ZVglRWiss. 81 (1982), 251; Jakob, Die steuerliche Behandlung der Unternehmensteilung, S. 4 ff.; Himmelreich, Unternehmensteilung durch partielle Universalsukzession, S. 7 ff.; Raiser, Recht der Kapitalgesellschaften, S. 530 ff.

19 Vgl. die Terminologie bei Duden/Schilling, Die AG 1974, 202 f.

b) Abspaltung: Bei dieser Konstellation bleibt das übertragende Unternehmen bestehen und überträgt nur einen Teil seines Vermögens auf ein oder mehrere, bereits bestehende oder neue Unternehmen, und zwar wiederum gegen Gewährung von Anteilen der übernehmenden oder neuen Unternehmen an die Anteilsinhaber des übertragenden Unternehmens.

c) Ausgliederung: Ebenso wie bei der Abspaltung geht nur ein Teil des Gesellschaftsvermögens auf andere Rechtsträger über; die als Gegenwert gewährten Anteile des übernehmenden Unternehmens gelangen jedoch in das Vermögen der übertragenden Gesellschaft selbst. Die Ausgliederung unterscheidet sich von der Auf- und Abspaltung darin, daß bei letzteren die Gesellschaft Vermögenswerte überträgt, ohne ein entsprechendes Entgelt zu erhalten. Bei der Ausgliederung hingegen liegt ein Austausch von Vermögenswerten vor.[20]
Fraglich ist, ob die Ausgliederung als geeignetes Mittel für eine anschließende Privatisierung anzusehen ist. Scheidet die Ausgliederung nicht ihrer Natur nach schon als "Zwischenstation" für eine Privatisierung aus? Die Ausgliederung hat als Ziel die Gründung von einer oder mehreren Tochtergesellschaften. Da die übertragende Gesellschaft die Anteile an der von ihr neu gegründeten Aktiengesellschaft erwirbt - und nicht die Aktionäre der übertragenden Aktiengesellschaft, wie dies bei der Auf- und Abspaltung der Fall ist - bleibt das Gesellschaftsvermögen des Tochterunternehmens in der Hand eines Unternehmens, nämlich der Muttergesellschaft. Dieses Verfahren stellt somit keine Entflechtung dar im Sinne der Auf- und Abspaltung. Bei diesen Verfahrensarten der Spaltung wird das Vermögen der übertragenden Gesellschaft endgültig von dieser getrennt, so daß die neuen Gesellschaften unabhängig von dieser sind. Im Ergebnis erscheinen die Spaltungsarten der Auf- und Abspaltung als die geeigneteren Methoden, um eine Gesellschaft anschließend zu privatisieren. Dementsprechend wird die Ausgliederung im weiteren Verlauf dieser Arbeit knapper behandelt werden.

---

20 Werner, Festschrift für Quack, S. 519, 520 f.

2) Begriff des staatlichen Unternehmens

Gegenstand dieser Arbeit ist die Spaltung von Aktiengesellschaften mit staatlicher Beteiligung zwecks Privatisierung. Erforderlich ist daher eine genaue Definition des "staatlichen" oder "öffentlichen Unternehmens". Das Münchener Rechtslexikon versteht unter öffentlichen Unternehmen "solche, auf welche die öffentliche Hand auf Grund Eigentums, finanzieller Beteiligung, Satzung oder sonstiger Bestimmungen, die die Tätigkeit des Unternehmens regeln, unmittelbar oder mittelbar einen beherrschenden Einfluß ausüben kann."[21] Die Rechtsform des Unternehmens ist hingegen gleichgültig, es kommt nur auf die Möglichkeit staatlicher Einflußnahme an. Ab welcher Beteiligung nun ein Unternehmen als öffentlich oder staatlich zu bezeichnen ist, erscheint jedoch sehr problematisch. Vorstellbar wäre die Qualifizierung eines Unternehmens als "staatlich" erst ab einer Beteiligung des Staates von mehr als 50%. Es könnte aber auch eine staatliche Beteiligung in Höhe von mehr als 25% (sog. Sperrminorität) als ausreichend betrachtet werden. Diese Frage ist im Schrifttum heftig umstritten.[22] Teilweise werden die Unternehmen, an denen die öffentliche Hand neben Privaten beteiligt ist, nicht als öffentliche Unternehmen, sondern als "gemischt-wirtschaftliche Unternehmen" bezeichnet. Diese sollen jedoch wie öffentliche Unternehmen behandelt werden, wenn die öffentliche Hand sie mehrheitlich beherrscht.[23] Gemäß Art. 2 der Richtlinie des Rates der Europäischen Gemeinschaft vom 25. Juni 1980 über die Transparenz der finanziellen Beziehungen zwischen den Mitgliedstaaten und den öffentlichen Unternehmen vom 25. Juni 1980 wird vermutet, daß ein beherrschender Einfluß des Staates ausgeübt wird, wenn die öffentliche Hand entweder die Mehrheit des Kapitals besitzt, über die Mehrheit der Stimmrechte verfügt oder mehr als die Hälfte der Mitglieder des Verwaltungs-, Leitungs- oder Aufsichtsorgans bestellen kann.[24] Teilweise wird auch angenommen, ein öffentliches

---

21 Vgl. Münchener Rechtslexikon, Band 2, unter "öffentliche Unternehmen", unter A, S. 1130.

22 Püttner, Die öffentlichen Unternehmen, S. 25 f.; Emmerich, Das Wirtschaftsrecht öffentlicher Unternehmen, S. 58 ff.

23 So z.B. Püttner, a.a.O., S. 26.

24 Richtlinie des Rates der Europäischen Gemeinschaft vom 25.6.1980 (80/273/EWG), Amtsblatt Nr. L 195/35.

Unternehmen liege bei einer staatlichen Beteiligung zwischen 25 und 75%[25] und zwischen 50 und 95% vor.[26] Vertreten wird schließlich, daß man den Begriff des öffentlichen Unternehmens nicht anhand einer Beteiligung in Prozenten an dem Unternehmen definieren könne, sondern nur auf Grund des Umfangs der staatlichen Einflußnahme. Diese könne nämlich sehr bedeutend sein, auch wenn lediglich eine geringe Beteiligung vorliege, so etwa bei besonderen Satzungsbestimmungen oder besonderen Abmachungen mit den übrigen Aktionären zugunsten des Staates.[27] Im Rahmen dieser Arbeit soll der Auffassung gefolgt werden, daß ein öffentliches Unternehmen dann vorliegt, wenn der Staat mehr als 50% der Anteile in der Hand hält, denn ab dieser Beteiligung hat der Staat den maßgebenden Einfluß auf das Unternehmen. Die Hauptversammlungsbeschlüsse, die keine Dreiviertelmehrheit voraussetzen, werden dann von der öffentlichen Hand entschieden. Die private Beteiligung wird erst relevant, wenn eine Dreiviertelmehrheit erforderlich ist und mehr als 25% der Anteile privaten Aktionären gehören (sog. Sperrminorität).
Welcher Stellenwert der Definition des "staatlichen Unternehmens" zukommt, mögen die folgenden beiden Beispiele illustrieren:

- Nach den Entwürfen des Bundesministeriums der Justiz kann ein öffentliches Unternehmen mit mehr als 50% staatlicher Beteiligung, aber mit mehr als 25% privater Anteile, nicht aufgespalten werden, wenn sich ein Teil der privaten Aktionäre weigern sollten, dafür zu stimmen. § 66 Abs. 1 des Diskussionsentwurfs (§ 65 Abs. 1 des Referentenentwurfs) setzt eine Dreiviertelmehrheit voraus, die in dem Fall nicht ohne Mitwirkung der privaten Anteilseigner erreicht werden könnte.
- Auch eine Kapitalherabsetzung zwecks Spaltung und anschließender Privatisierung würde nach diesem Modell im heutigen Recht scheitern, da § 222 Abs. 1 S. 1 AktG im Falle der Kapitalherabsetzung eine Dreiviertelmehrheit voraussetzt. Diese beiden Fälle zeigen die Wichtigkeit und Unverzichtbarkeit einer genauen Definition des "staatlichen Unternehmens".

---

25 Schnettler, Öffentliche Betriebe, S. 32-36.

26 Eckstein, Wirtschaftliche Betätigung, S. 9-11.

27 Emmerich, Das Wirtschaftsrecht der öffentlichen Unternehmen, S. 59.

II) Fälle aus der Praxis

Bis heute gab es außerhalb Ost-Deutschlands keine Spaltungen zwecks Privatisierung. Da das Verfahren aber grundsätzlich demjenigen ohne Privatisierungskontext entspricht, sollen die bekanntesten Beispiele "herkömmlicher" Spaltungen kurz erläutert werden.

1) Beispiele für Aufspaltungen

Das bekannteste Beispiel hierzu ist die Aufspaltung der I.G. Farbenindustrie AG durch die Alliierte Hohe Kommission nach dem zweiten Weltkrieg. Gesetzliche Grundlage hierfür war das von der Kommission erlassene Gesetz Nr. 35 zur Entflechtung von Unternehmen. Die I.G. Farben wurde aufgelöst. Als Nachfolgegesellschaften wurden drei Aktiengesellschaften gegründet, in die das Vermögen der "alten" I.G. Farbenindustrie AG im Wege der Kapitalerhöhung gegen Sacheinlage eingebracht wurde.[28]

2) Beispiele für Abspaltungen

Die zwei bekanntesten Fälle sind Varta und Löwenbräu.

a) Der "Löwenbräu-Fall"

Die Löwenbräu-AG wurde im Jahre 1982 nach Marktbereichen gespalten. Die Gesellschaft war sowohl in der Getränkebranche als auch in der Immobilienbranche tätig.[29] Die Teilung erfolgte auf Hinwirken der Agricola Verwaltungsgesellschaft KG, die 90% der Aktien an der Löwenbräu-AG besaß. Aus der Spaltung entstanden die Löwenbräu-AG als Getränkegesellschaft und die Monachia-AG als Immobiliengesellschaft.

---

28 Hierzu sehr ausführlich Thiesing, in: v. Schmoller/Maier/Tobler, Handbuch des Besatzungsrechts, § 44, S. 43 ff.; siehe auch Fischer, Die Teilung von Kapitalgesellschaften, S. 16 ff.

29 Vgl. Geschäftsbericht 1980/81 der Löwenbräu-AG, S. 6a; Bericht in der FAZ Nr. 78 vom 2.4.1982, S. 16, "Realteilung bei Löwenbräu, Brauerei und Grundbesitz werden getrennt" und in der FAZ Nr. 119 vom 25.5.1982, S. 25, "Die Teilung von Löwenbräu ist beschlossene Sache"; Lutter in Festschrift für Fleck, S. 169, 170 f.

b) Der "Varta-Fall"

Die Spaltung der Varta-AG erfolgte im Jahre 1976/77.[30] Dem ging eine Verschmelzung im Jahre 1972 voraus, bei der die Varta-AG die Stellung einer Holding übernahm. Der Konzern wurde dann 1977 in drei selbständige Aktiengesellschaften gespalten: die Varta-AG, die Altana-AG und die Ceag-AG.[31]

Beide Fälle erfolgten im Wege der Abspaltung, da jeweils die Varta-AG und die Löwenbräu-AG als Holding weiter bestanden.[32]

3) Beispiele für Ausgliederungen

a) Thyssen-AG

1982 entstand eine 100%ige Tochtergesellschaft der Thyssen-AG, die Thyssen Stahl AG, die nunmehr den gesamten Stahlbereich der Thyssen-AG (weiterbestehend als Holding) verkörperte. Die Hauptversammlung faßte einen Beschluß über die Ausgliederung.

b) Allianz-AG

Die Allianz-AG war in vielen Geschäftsbranchen tätig. Diese wurden neu gegliedert und organisiert. Die Versicherungsbranche wurde von einer neu gegründeten Tochtergesellschaft "Allianz-Versicherungs-AG" übernommen. Diese gehörte zu 100% der Allianz Holding AG an.

Wie schon angedeutet, erfolgten diese Beispiele zur Aufspaltung, Abspaltung und Ausgliederung nicht zwecks Privatisierung. Spaltungen können viele Gründe haben.[33] Einer davon ist sicherlich, die Spaltung als Zwischenschritt für weitere Umstrukturierungen zu nutzen. Als weitere Umstrukturierung kommt dann die Veräuße-

---

30 Siehe Bericht in der FAZ Nr. 128 vom 15.6.1976, S. 13, "Der Varta-Konzern wird aufgespalten", in der FAZ Nr. 141 vom 22.6.1977, S. 13, "Vartateilung beschlossen" und in der FAZ Nr. 208 vom 8.9.1977, S. 15, "Die Realteilung von Varta wird jetzt Wirklichkeit"; Herzig, DB 1986, 1401; Geschäftsbericht der Varta-AG 1972.

31 Vgl. Geschäftsbericht der Varta-AG 1976; Wollensak, Die Realteilung einer Aktiengesellschaft, S. 54.

32 Lutter, ZGR 1990, 392, 401 f.; Teichmann, Die AG 1980, 85, 86 Fn. 6.

33 Siehe u.a. Ott, Die Realteilung einer Kapitalgesellschaft im Ertragsteuerrecht, S. 21 ff.

rung von Unternehmensanteilen in Betracht (bei der Aktiengesellschaft durch Verkauf von Aktien). Zu untersuchen ist, welche Unterschiede sich ergeben würden, wenn nach heutigem Recht eine Spaltung zwecks Privatisierung erfolgte. Hierfür sind aber zunächst die verschiedenen Verfahrensstadien der "normalen" Spaltung zu ermitteln.

III) Verfahren bei Spaltungen nach heutigem Recht (außerhalb der Treuhandtätigkeiten)

Die Spaltung von Aktiengesellschaften ist gesetzlich nicht geregelt. Es muß somit auf die allgemeinen Regeln des Aktienrechts zurückgegriffen werden. Mangels ausdrücklicher gesetzlicher Mitwirkungspflicht der Hauptversammlung ist die Beteiligung letzterer nur auf Grund sonstiger - auf die Spaltung nicht zugeschnittener - Vorschriften zu erreichen.

1) Verfahren bei einer Aufspaltung

a) Beschluß über die Übertragung des Gesellschaftsvermögens auf andere Gesellschaften

Vor ihrer Auflösung überträgt die Gesellschaft ihr Vermögen auf mindestens zwei Nachfolgegesellschaften. In Betracht kommt ein Hauptversammlungsbeschluß gemäß § 361 Abs. 1 S. 1 AktG. Danach ist ein Beschluß der Hauptversammlung erforderlich, wenn sich die übertragende Aktiengesellschaft zu der Übertragung ihres gesamten Vermögens verpflichtet. Die Übertragung von bloßen Vermögensteilen - wenn auch von großem Wert - ist nicht ausreichend.[34] Im Rahmen einer Aufspaltung scheitert die Anwendung dieser Vorschrift schon daran, daß nicht das gesamte Gesellschaftsvermögen auf einen Dritten übertragen wird. Die sich spaltende Gesellschaft überträgt jeweils Teile ihres Vermögens auf die Nachfolgegesellschaften. § 361 Abs. 1 S. 1 AktG setzt jedoch die Übertragung des gesamten Vermögens auf eine

34 BGHZ 83, 122, 128; Timm, Die AG 1980, 172, 175 ff.; Windbichler, Die AG 1981, 169.

Nachfolgegesellschaft voraus.[35] Ein Beschluß der Hauptversammlung nach § 361 Abs. 1 S. 1 AktG kommt somit im Ergebnis nicht in Betracht.[36]

b) Beschluß über die Gründung der Nachfolgegesellschaften

Zwecks Übertragung des Gesellschaftsvermögens sind die Nachfolgegesellschaften zu gründen, es sei denn, das Vermögen wird auf schon bestehende Gesellschaften übertragen. Die Aufspaltung setzt die Gründung mindestens zweier Nachfolgegesellschaften voraus, um in dieser Weise eine Teilung des Gesellschaftsvermögens erreichen zu können. Die Gründung der neuen Aktiengesellschaften richtet sich nach den Vorschriften der §§ 23 ff. AktG. Da das Aktiengesetz in § 2 eine Mindestzahl von fünf Gründern voraussetzt, gründet in der Praxis die übertragende Gesellschaft neben vier Strohmännern die neuen Aktiengesellschaften. Nach Gründung der neuen Gesellschaften läßt sich die - noch bestehende - übertragende Gesellschaft die Anteile von den vier Strohmännern abtreten. Diese Methode wird nach einhelliger Meinung zugelassen.[37]

---

35 Fritz, Die Spaltung von Kapitalgesellschaften, S. 25 f.; Raiser, Recht der Kapitalgesellschaften, S. 530; Henn, Handbuch des Aktienrechts, S. 568.

36 Würde man die Übetragung dieser Vermögensteile auf die Nachfolgegesellschaften als eine Übertragung des "ganzen" Vermögens auffassen, so wäre weiterhin zu untersuchen, ob die Verteilung der Anteile an den Nachfolgegesellschaften überhaupt mit § 361 Abs. 1 S. 1 AktG in Einklang steht. Kraft in Kölner Kommentar zum AktG, unter § 361 Rdnr. 31, versteht einen Übertragungsvertrag, der die Aktionäre der übertragenden Aktiengesellschaft als anspruchsberechtigt vorsieht, als eine beabsichtigte Liquidation der sich spaltenden AG. Folge hiervon wäre, daß die Verteilung der Anteile an die Aktionäre der übertragenden AG gemäß § 272 Abs. 1 AktG nicht vor Ablauf einer Sperrfrist von einem Jahr erfolgen darf. Die Anteile fließen in die Abwicklungsmasse der übertragenden AG. Bei einem Verstoß gegen § 272 Abs. 1 AktG würde dies eine unzulässige Verteilung des Vermögens der übertragenden AG an ihre Aktionäre bedeuten. Angesichts der Tatsache, daß sich der Wert der Anteile innerhalb eines Jahres verändern kann und somit auch das Umtauschverhältnis, wäre der Weg über § 361 Abs. 1 S. 1 AktG nicht gangbar. Es wird deutlich, daß die Vorschrift des § 361 Abs. 1 S. 1 AktG mit dem "Modell" Aufspaltung nicht in Einklang zu bringen ist.

37 Meyer-Landrut in Großkomm. AktG, § 2 Anm. 16; Kropff, Festschrift für Geßler, S. 114; Geßler/Hefermehl/Eckhardt/Kropff, AktG, § 2 Anm. 37 ff.

c) Beschluß der Hauptversammlung über die Auflösung des übertragenden Unternehmens

Die Mitwirkung der Hauptversammlung ist bei der Auflösung einer Aktiengesellschaft gemäß § 119 Abs. 1 Nr. 8 AktG zwingend. Ein Beschluß ist nach § 262 Abs. 1 AktG erforderlich, um die alte Gesellschaft aufzulösen. Die Auflösung setzt einen Auflösungsgrund voraus. Dieser ist im vorliegenden Fall der Beschluß gemäß § 262 Abs. 1 Nr. 2 AktG. Nach § 263 S. 1 AktG muß die Auflösung der übertragenden Gesellschaft vom Vorstand zur Eintragung in das Handelsregister angemeldet werden. Anschließend erfolgt die Liquidation der übertragenden Aktiengesellschaft unter Auskehrung der einbringungsgeborenen Anteile.[38] Das ausschließlich in Anteilsrechten an den Nachfolgegesellschaften bestehende Vermögen der aufzulösenden Aktiengesellschaft wird als Sachauskehrung an die Aktionäre der übertragenden Gesellschaft verteilt.[39] Nur ausnahmsweise erfolgt nach deutschem Recht eine Auflösung ohne Liquidation.[40] Dies ist dann der Fall, wenn ein Abwicklungsverfahren gegenstandslos und entbehrlich wäre. Eine solche Entbehrlichkeit des Abwicklungsverfahrens wird im Rahmen einer Gesamtrechtsnachfolge angenommen. Die Begründung liegt darin, daß für das Schicksal des Vermögens dann gesorgt ist.[41] So entfällt z.B. eine Liquidation bei der übertragenden Umwandlung einer Gesellschaft oder im Falle einer Verschmelzung. Nach heutigem deutschen Recht erfolgt die Aufspaltung jedoch im Wege der Einzelrechtsnachfolge, worauf noch einzugehen ist. Folge hiervon ist, daß eine Abwicklung der übertragenden Gesellschaft erforderlich ist. Nachteile ergeben sich dann vor allem wegen des gesetzlich festgesetzten "Sperrjahres". Danach haben die Abwickler, wenn alle Verbindlichkeiten erfüllt sind, das verbleibende Vermögen erst nach dem Ablauf einer bestimmten Frist unter die

---

38 Siehe Wollensak, Die Realteilung einer Aktiengesellschaft, S. 51, 69 f.; Fischer, Die Teilung von Kapitalgesellschaften, S. 75 ff.; Fritz, Die Spaltung von Kapitalgesellschaften, S. 38; Kottmann, Die Spaltung einer Aktiengesellschaft, S. 78 ff.

39 Zur Sachauskehrung vgl. Kraft in Kölner Kommentar zum AktG, § 271 Anm. 6; Wiedemann in Großkomm. AktG, § 268 Anm. 5 und § 271 Anm. 2; Godin/Wilhelmi, Aktiengesetz, § 271 Anm. 2; siehe auch Hirte, Die AG 1990, 373 f.

40 Siehe dazu K. Schmidt, Gesellschaftsrecht, § 11 V, S. 267 f.; ders., AcP 191 (1991), 495, 503; Widmann/Mayer, Umwandlungsrecht, Einl. UmwG, Anm. 8.

41 K. Schmidt, Gesellschaftsrecht, § 11 V, S. 267 f.

Aktionäre zu verteilen. Gemäß § 272 Abs. 1 AktG darf mit der Verteilung aber nicht früher als ein Jahr seit der Bekanntmachung des dritten Gläubigeraufrufs nach § 267 AktG begonnen werden.[42] Diese gesetzlich vorgeschriebene Frist verhindert jede zügige Aufspaltung.

2) Verfahren bei einer Abspaltung

a) Beschluß der Hauptversammlung über die Ausgründung zum Zwecke der Unternehmensteilung

aa) Mitwirkungspflicht der Hauptversammlung

Da im Rahmen der Abspaltung nur ein Teil des Vermögens übertragen wird, scheidet § 361 Abs. 1 S. 1 AktG aus denselben Gründen wie bei der Aufspaltung aus. Auch würde sich bei der Anwendung dieser Vorschrift das Problem einer unzulässigen Verteilung des Liquidationserlöses an die Aktionäre der übertragenden Aktiengesellschaft stellen, da diese die Anteile an den Nachfolgegesellschaften erwerben.
Es könnte ausnahmsweise auf Grund des § 119 Abs. 2 AktG eine Pflicht des Vorstands zur Einholung einer Entscheidung der Hauptversammlung in Betracht kommen. Gemäß § 119 Abs. 2 AktG sind Maßnahmen der Geschäftsführung der Hauptversammlung grundsätzlich entzogen. Sie entscheidet darüber nur dann, wenn der Vorstand dies ausdrücklich verlangt. Ob der Vorstand eine Entscheidung der Hauptversammlung herbeiführt, liegt grundsätzlich in seinem Ermessen, soweit vom Gesetz nicht anders angeordnet.[43] Letzteres ist - wie schon dargelegt - nicht der Fall. Der Bundesgerichtshof hat jedoch in bestimmten Fällen die Beteiligung der Hauptversammlung an der Entscheidung für zwingend erachtet.[44] Dazu führte er folgendes

---

42 Vgl. Hoffmann-Becking, Münchener Handbuch des Gesellschaftsrechts, Band 4, Aktiengesellschaft, § 66 Rdnrn. 16 f., S. 700 f.

43 Geßler, AktG, § 119 Rdnrn. 3 ff.

44 Zur Rechtsprechung des BGH vgl. u.a. Werner, ZHR 147 (1983), 429-453; Martens, ZHR 147 (1983), 377 ff.; Beusch, Festschrift für Werner, S. 1 ff.; H. P. Westermann, ZGR 1984, 352; Heinsius, ZGR 1984, 383; Geßler, Festschrift für Stimpel, S. 771 ff.; Götz, Die AG 1984, 85, 88; Raiser, Recht der Kapitalgesellschaften, S. 159 ff., Rdnrn. 11 ff. Sehr ausführlich zur

aus: "Es gibt grundlegende Entscheidungen, die durch die Außenvertretungsmacht des Vorstandes, seine gemäß § 82 Abs. 2 AktG begrenzte Geschäftsführungsbefugnis wie auch durch den Wortlaut der Satzung formal noch gedeckt sind, gleichwohl aber so tief in die Mitgliedsrechte der Aktionäre und deren im Aktieneigentum verkörpertes Vermögensinteresse eingreifen, daß der Vorstand vernünftigerweise nicht annehmen kann, er dürfe sie in ausschließlich eigener Verantwortung treffen, ohne die Hauptversammlung zu beteiligen. In solchen Fällen verletzt der Vorstand seine Sorgfaltspflicht, wenn er von der Möglichkeit des § 119 Abs. 2 AktG keinen Gebrauch macht."[45] Als Beispiel für eine solche ungeschriebene Mitwirkungspflicht der Hauptversammlung wird in der Literatur die Ausgliederung des wertvollsten Teils eines Betriebes genannt.[46] Laut Rechtsprechung entfaltet jedoch die Verletzung dieser "internen Vorlagepflicht"[47] keine Außenwirkung.[48]

Zu beachten ist, daß - wie in den Löwenbräu- und Varta-Fällen - die Mitwirkung der Hauptversammlung per se gegeben ist, wenn die Spaltung anhand einer Kapitalherabsetzung der übertragenden Gesellschaft erfolgt (vgl. §§ 179, 222 AktG). Gemäß § 222 Abs. 1 AktG müßte die Kapitalherabsetzung mit mindestens dreiviertel des bei der Beschlußfassung vertretenen Grundkapitals beschlossen werden.

Die Entscheidung des Bundesgerichtshofs ist heftig kritisiert worden. Die wesentlichen Argumente gegen die Holzmüller-Entscheidung sollen kurz dargestellt werden:[49]

Zunächst sei der Erwerb von Beteiligungen eine Maßnahme der Geschäftsführung. Die Geschäftsführung sei nach geltendem Recht gemäß § 76 Abs. 1 AktG Sache des eigenverantwortlich handelnden Vorstands. Der Hauptversammlung sei die Geschäftsführungskompetenz entzogen (§ 119 Abs. 2 AktG). Es bestehe somit keine

---

Holzmüller-Entscheidung und der dadurch ausgelösten Kontroverse v. Rechenberg, Die Hauptversammlung als oberstes Organ der Aktiengesellschaft, S. 66 ff., 125 ff.

45 BGHZ 83, 122, 131 = Die AG 1982, 158, 160; vgl. auch Geßler, AktG, § 119 Rdnrn. 4 ff. und § 293 Rdnr. 39; Geßler, Festschrift für Stimpel, S. 771; vgl. auch Hübner, Festschrift für Stimpel, S. 791 ff.

46 Fleck, WM 1986, 1205, 1210; Geßler, AktG, § 119 Rdnr. 4.

47 So Geßler, AktG, § 119 Rdnr. 4.

48 BGH Die AG 1982, 159.

49 Hierzu sehr ausführlich v. Rechenberg, Die Hauptversammlung als oberstes Organ der Aktiengesellschaft, S. 66 ff., 125 ff.

ergänzungsbedürftige Gesetzeslücke. Dies bedeute einen Eingriff in das Kompetenzgefüge der Organe der Aktiengesellschaft.[50] Auch fehle es am Schutzbedürfnis der Aktionäre. Die Aktionärsmehrheit habe ausreichende Möglichkeiten zur mittelbaren Einflußnahme, u.a. der Vertrauensentzug gemäß § 84 Abs. 3 S. 2 AktG, die Wahl und Abberufung der Aufsichtsratmitglieder nach §§ 101, 103 AktG und die in § 120 AktG enthaltene Verweigerung der Entlastung von Vorstand und Aufsichtsrat. Ein Bedürfnis der Aktionäre zu einer unmittelbaren Einflußnahme durch Zustimmungspflicht der Hauptversammlung sei bei Erwerb von Beteiligungen nicht erforderlich. Schließlich hat die Unsicherheit hinsichtlich der Frage, ab wann eine Entscheidung des Vorstandes denn überhaupt unter § 119 Abs. 2 AktG falle, heftige Kritik ausgelöst. Das Holzmüller-Urteil bestimme keine feste Grenze. Die Tatsache, daß diese Frage offen gelassen wurde, sei unakzeptabel.[51]
Ob dieser Kritik zu folgen ist, wird im Rahmen der Untersuchung nach dem Fehlen eines Holzmüller-Urteils in Frankreich im nachfolgenden Teil (3. Teil) der Arbeit behandelt.

bb) Erforderliche Mehrheit für einen solchen Beschluß

Der Bundesgerichtshof hat keine allgemeine Angabe zum Mehrheitserfordernis im Rahmen einer Entscheidung der Hauptversammlung nach § 119 Abs. 2 AktG gemacht.[52] Das Gericht hat nur über den konkreten Fall entschieden: Danach hat die Obergesellschaft für Kapitalerhöhungen in der Tochtergesellschaft die Zustimmung ihrer Hauptverhandlung mit der Mehrheit einzuholen, die für eine entsprechende Maßnahme in der Obergesellschaft selbst erforderlich wäre.[53] Dies bedeutet hier nach den Vorschriften über Kapitalerhöhungen (§§ 182 ff. AktG) eine Dreiviertelmehrheit.

---

50 Semler, BB 1983, 1566, 1570 ff.; Westermann, ZGR 1984, 352, 365; Rehbinder, ZGR 1983, 92 f.; Lutter, Festschrift für Stimpel, S. 825, 853.

51 Hierzu Raiser, Recht der Kapitalgesellschaften, S. 160, Rdnr. 13; Wiedemann, Die Unternehmensgruppe im Privatrecht, S. 56 f.; Lutter, Festschrift für Stimpel, S. 825, 850. Diese nehnmen eine Strukturänderung an, wenn die Vermögensübertragung 20 bis 25% und mehr des Aktivvermögens der übertragenden Gesellschaft umfaßt. Geßler, Festschrift für Stimpel. S. 771, 787, läßt eine Übertragung von 10% des Eigenkapitals ausreichen.

52 Geßler, Festschrift für Stimpel, S. 771, 781; Rehbinder, ZGR 1992, 100.

53 BGHZ 83, 122.

Allgemeine Grundsätze sind daraus jedoch nicht zu entnehmen. Zum Bedürfnis einer qualifizierten Mehrheit besagt das Urteil nichts. Da sich der Bundesgerichtshof auf § 119 Abs. 2 AktG gestützt hat und nicht auf §§ 179 Abs. 2, 340c Abs. 2, 361 Abs. 1 S. 2 AktG analog, ist grundsätzlich vom Erfordernis einer einfachen Mehrheit auszugehen.[54] Eine Dreiviertelmehrheit könnte nur angenommen werden, wenn die Maßnahme nach § 119 Abs. 2 AktG einem Grundlagenbeschluß nahestünde.[55] Für die Wirksamkeit von Grundlagenbeschlüssen verlangt das Gesetz durchweg die qualifizierte Mehrheit (3/4 des bei der Abstimmung vertretenen Grundkapitals). Bei einer unternehmensinternenen Umstrukturierung wird dies in der Literatur teilweise angenommen, da die Aktionäre in ihrer wirtschaftlichen und rechtlichen Stellung betroffen seien. Es handele sich hierbei um eine Strukturänderung[56]. Im Ergebnis bleibt festzuhalten, daß nur bei einer solchen Annahme eine Dreiviertelmehrheit der Hauptversammlung verlangt werden kann.

Hinsichtlich der spaltungsspezifischen Problematik wird auch erwogen, für den vorgehenden Beschluß der Vermögensübertragung die zur Kapitalherabsetzung erforderliche Mehrheit zu verlangen, da letztendlich eine Kapitalherabsetzung bezweckt sei.[57] Es wäre also auch eine Dreiviertelmehrheit für den Beschluß über die Vermögensübertragung erforderlich, denn dieser Beschluß könne nicht isoliert betrachtet werden. Man müsse sich immer vor Augen halten, daß das Ziel des ganzen Verfahrens die Kapitalherabsetzung mit anschließender Spaltung sei. Sonst könnte der Vorstand anhand eines Beschlusses der Hauptversammlung mit einer Mehrheit von z.B. 51% die Vermögensübertragung durchführen, die Hauptversammlung könnte jedoch - falls keine Dreiviertelmehrheit dann vorliegt - später die Kapitalherabsetzung nach § 222 AktG verhindern. Die Beschlüsse, die im Endeffekt der Vorbereitung einer Kapitalherabsetzung dienen (gemäß § 222 Abs. 3 AktG muß der Kapitalherabsetzungsbeschluß auch dessen Zweck festlegen) bedürften somit alle einer Dreiviertelmehrheit.[58] Dieser Argumentation kann aber nicht zugestimmt werden. Die Kapital-

54 Lutter, Festschrift für Fleck, S. 169, 181 f.

55 Raiser, Recht der Kapitalgesellschaften, S. 88, Rdnr. 9, S. 160, Rdnr. 13.

56 Raiser, a.a.O., S. 158 f., Rdnrn. 10, 11.

57 Siehe Wollensak, a.a.O., S. 31 f. Dieser spricht von einer "Fernwirkung" der §§ 222 ff. AktG.

58 Anderer Ansicht jedoch Hübner, Festschrift für Stimpel, S. 791, 795. Dieser hält eine einfache Mehrheit unter Hinweis auf § 133 Abs. 1 AktG für ausreichend.

herabsetzung, die nur unter Umständen einschlägig ist, ist vom Beschluß gemäß § 119 Abs. 2 AktG über die Übertragung eines Vermögensteils auf eine Nachfolgegesellschaft streng zu trennen.

b) Gründung der neuen Nachfolgegesellschaft(en)

Hier wird auf die Ausführungen zur Aufspaltung verwiesen. Im Gegensatz zur Aufspaltung ist auch die Gründung einer einzigen Nachfolgegesellschaft ausreichend, da die übertragende Gesellschaft weiterhin bestehen bleibt.

c) Beschluß der Hauptversammlung über die Kapitalherabsetzung beim übertragenden Unternehmen

Nach der Übertragung eines Vermögensteils auf die Nachfolgegesellschaft(en) wird das Grundkapital der übertragenden Aktiengesellschaft herabgesetzt, um die Gesellschaftsanteile an der übernehmenden Gesellschaft an die Aktionäre verteilen zu können. Die Kapitalherabsetzung erfolgt in dem Fall zur Ausschüttung an die Aktionäre der übertragenden Aktiengesellschaft.[59] Die Kapitalherabsetzung kann entweder nach § 222 Abs. 4 Nr. 1 AktG durch verhältnismäßige Herabsetzung des Nennbetrages der Aktien oder durch Einziehung von Aktien nach § 237 AktG erfolgen.[60] Gemäß § 222 Abs. 1 S. 1 AktG hat die Hauptversammlung mit einer Dreiviertelmehrheit einen Beschluß über die Kapitalherabsetzung zu fassen. Gemäß § 223 AktG ist dieser Beschluß zur Eintragung in das Handelsregister anzumelden. Mit der Eintragung des Beschlusses ist gemäß § 224 AktG das Grundkapital herabgesetzt. Die Eintragung hat in diesem Fall konstitutiven Charakter.

---

59 Vgl. Hoffmann-Becking, Münchener Handbuch des Gesellschaftsrechts, Band 4, Aktiengesellschaft, § 60 Rdnr. 1, S. 642 f.

60 Ausführlich hierzu Fritz, Die Spaltung von Kapitalgesellschaften, S. 38, 58 ff.; Wollensak, Realteilung einer Aktiengesellschaft, S. 68; Fischer, Die Teilung von Kapitalgesellschaft, S. 78 ff.; Kottmann, Die Spaltung einer Aktiengesellschaft, S. 65 ff.; K. Schmidt, Gesellschaftsrecht, S. 302 f.

3) Verfahren bei einer Ausgliederung

a) Analoge Anwendung des § 361 Abs. 1 S. 1 AktG

Fraglich ist, ob § 361 Abs. 1 S. 1 AktG analog anzuwenden ist, wenn nur ein Teil des Gesellschaftsvermögens auf eine oler mehrere Gesellschaften übertragen wird. Da im Rahmen der Ausgliederung nicht die Aktionäre der übertragenden Aktiengesellschaft, sondern diese selbst die Anteile an den Nachfolgegesellschaften erwirbt, stellt sich nicht das Problem einer unzulässigen Verteilung des Liquidationserlöses.
Hinsichtlich des übertragenen Teils des Gesellschaftsvermögens ist im Schrifttum nicht die "Substanzverletzung" des Unternehmens maßgebend, sondern ob die satzungsmäßig festgesetzten Ziele weiter verfolgt werden können. Beim Weiterbestehen des übertragenden Unternehmens können diese Ziele noch weiterverfolgt werden.[61]
Nach der Rechtsprechung scheidet eine analoge Anwendung des § 361 Abs. 1 S. 1 AktG aus, wenn zwar ein Teil des Gesellschaftsvermögens auf eine andere Gesellschaft übertragen wird, die Unternehmensziele jedoch noch weiter verfolgt werden können.[62] Dies sei sogar der Fall, wenn ein den Schwerpunkt der bisherigen Unternehmenstätigkeit bildender, aber das Betriebsvermögen nicht erschöpfender selbständiger Vermögensteil übertragen werde. Der Bundesgerichtshof erklärt dies unter anderem damit, daß Abgrenzungsschwierigkeiten entstünden. Im Hinblick auf die durch § 361 Abs. 1 S. 1 AktG eingeschränkte Vertretungsmacht des Vorstandes sei eine solche Rechtsunsicherheit jedoch untragbar.
Diese Argumente überzeugen. Ein Beschluß der Hauptversammlung auf Grund einer analogen Anwendung des § 361 Abs. 1 S. 1 AktG entfällt somit.

b) Beschluß nach § 119 Abs. 2 AktG

Bei schwerwiegenden Eingriffen in die Rechte und Interessen der Aktionäre, wie z.B. der Ausgliederung eines Betriebs, der den wertvollsten Teil des Gesellschaftsvermögens bildet, bedarf es nach der sehr umstrittenen Rechtsprechung des Bundes-

---

61 Fleck, WM 1986, 1205, 1210, 1215.

62 BGHZ 83, 122, 129 = WM 1982, 388 [Holzmüller-Entscheidung].

gerichtshofs der Mitwirkung der Hauptversammlung gemäß § 119 Abs. 2 AktG.[63] Die Anwendung des § 119 Abs. 2 AktG ist wegen der fehlenden Anwendbarkeit des § 361 Abs. 1 S. 1 AktG von Gewicht. Hinsichtlich dieser Problematik und dem Mehrheitserfordernis im Rahmen einer Entscheidung nach § 119 Abs. 2 AktG wird auf die Ausführungen zur Abspaltung verwiesen. Zu bemerken ist, daß in den Ausgliederungsfällen der Thyssen-AG und Allianz-AG die Hauptversammlung einen Beschluß über die Ausgliederung faßte. Dies war nicht nach § 361 Abs. 1 S. 1 AktG erforderlich, da es sich nur um die Übertragung eines Vermögensteils handelte. Das Holzmüller-Urteil des Bundesgerichtshofs bestand zu diesem Zeitpunkt noch nicht. Der Vorstand wollte sich aber anscheinend nicht über den Willen der Hauptversammlung hinwegsetzen.

c) Erfordernis einer satzungsmäßigen Ermächtigung bei der Ausgliederung

Fraglich ist, ob die Ausgründung von Teilen des Gesellschaftsvermögens im Tausch gegen Anteile an den neuen Gesellschaften einer ausdrücklich in der Satzung der übertragenden Gesellschaft festgelegten Ermächtigung bedarf. Dieses Problem stellt sich bei der Konzernbildung, wenn ein Unternehmen Tochtergesellschaften gründen will.[64] Ausreichend könnte auch sein, daß die Tätigkeit der durch die Ausgliederung entstandenen Tochtergesellschaft sich im Rahmen des von dem übertragenden Unternehmen festgesetzten Unternehmensgegenstandes halten muß.[65] Im Schrifttum ist diese Frage heftig umstritten. Während teilweise eine satzungsmäßige Ermächtigung als nicht erforderlich erachtet wird,[66] setzen andere eine solche gerade voraus.[67] Für

---

63 BGHZ 83, 122 ff.

64 Vgl. Götz, Die AG 1984, 85, 89 ff.

65 So Barz, Die AG 1966, 40; Würdinger, Aktienrecht und das Recht der verbundenen Unternehmen, S. 273; Mertens, Die AG 1978, 309, 311 f.

66 Westermann, ZGR 1984, 352, 360 ff.; Hommelhoff, Die Konzernleitungspflicht, S. 267 ff.; Werner, ZHR 147 (1983), 429, 440 ff.; Kropff, Festschrift für Geßler, S. 111, 131; ders., ZGR 1984, 112, 130; Götz, Die AG 1984, 85, 89 ff.

67 Timm, Die Aktiengesellschaft als Konzernspitze, S. 117, 130 ff.; ders., Die AG 1980, 172 ff.; Rehbinder, Festschrift für Coing, S. 423, 430 ff.; ders., ZGR 1983, 92, 96; Lutter, Festschrift für Stimpel, S. 825, 847; Raiser, Recht der Kapitalgesellschaften, S. 569, Rdnr. 27; Hoffmann-Becking, Münchener Handbuch des Aktienrechts, § 69 Rdnr. 8, S. 750.

letztere Meinung spricht, daß die Ausgliederung nicht ohne weiteres zum Gegenstand eines Unternehmens gehört.[68] Die Verwaltung von Beteiligungen unterscheidet sich grundsätzlich vom unmittelbaren Betrieb einer Gesellschaft. Gegen das Bedürfnis einer solchen Ermächtigung spricht, daß die Hauptversammlung in der Satzung von vornherein festsetzen kann, Ausgliederungen als nicht mehr vom Unternehmensgegenstand umfaßt anzusehen.[69] Auch kann die Satzung gemäß § 111 Abs. 4 S. 2 AktG bestimmen, daß die Vornahme derartiger Geschäfte von der Zustimmung des Aufsichtsrats abhängig ist.[70] Ein anderes gewichtiges Argument gegen ein solches Erfordernis ist, daß das vom Bundesgerichtshof festgelegte Zustimmungsbedürfnis der Hauptversammlung zur Entscheidung des Vorstands nach § 119 Abs. 2 AktG - auch wenn in der Literatur heftig umstritten - einen weitgehenden Schutz für die Aktionäre bietet. Schließlich spricht der Wortlaut des § 361 Abs. 1 S. 1 AktG gegen eine zusätzliche satzungsmäßige Ermächtigung.
Der Bundesgerichtshof hat in seiner Entscheidung zum Erfordernis einer satzungsmäßigen Ermächtigung nicht Stellung genommen.[71] Die Lösung über § 119 Abs. 2 AktG zeigt jedoch, daß es dem Bundesgerichtshof nur darauf ankam, die Geschäftsführungsmacht des Vorstandes bei Eingriffen in die Rechte der Aktionäre zu beschränken. Dem Urteil ist zu entnehmen, daß ansonsten bis zur Grenze des § 361 Abs. 1 S. 1 AktG der Vorstand die alleinige Verantwortung für das organisationsrechtliche Handeln trägt.[72] Zu vertreten wäre auch, der in der Satzung festgelegte Unternehmensgegenstand der übertragenden Gesellschaft sei von einer Ausgliederung gar nicht betroffen, da es sich bei dieser Entscheidung um eine organisationsrechtliche Angelegenheit handele.[73] Dieses Argument trifft nicht in allen Fällen zu, da bei der Ausgliederung von nicht unwesentlichen Vermögensteilen auf eine andere

---

68 Raiser, Recht der Kapiatalgesellschaften, S. 569, Rdnr. 27, will allerdings eine Ausnahme für Bagatellfälle zulassen. Lutter, Festschrift für Stimpel, S. 825, 850 und Wiedemann, Die Unternehmensgruppe im Privatrecht, S. 56 f., wollen eine Grenze zwischen 20 und 25% des Aktivvermögens der übertragenden Gesellschaft als maßgebend ansehen.

69 Hoffmann-Becking, Münchener Handbuch des Gesellschaftsrechts, Band 4, Aktiengesellschaft, § 9 Rdnr. 14, S. 46.

70 Heinsius, ZGR 1984, 383, 393.

71 BGHZ 83, 122, 131; Die AG 1986, 158, 160; WM 1982, 388.

72 Westermann, ZGR 1984, 352, 360; Lutter, Festschrift für H. Westermann, 1974, S. 347, 365.

73 So z.B. Götz, Die AG 1984, 85, 89 f.

Gesellschaft der Gegenstand des übertragenden Unternehmens, also die Art der Waren und Erzeugnisse, bei überwiegend anderer Tätigkeit des Tochterunternehmens weitgehend verändert werden kann.[74] I.d.R. wird der Unternehmensgegenstand aber nicht berührt.
Im Ergebnis ist das Erfordernis einer satzungsmäßigen Ermächtigung aus den oben genannten Gründen zu verneinen.[75]

d) Gründung der neuen Gesellschaft(en)

Wie bei Abspaltung ist die Gründung mindestens einer Nachfolgegesellschaft erforderlich. Es wird auf die obigen Ausführungen verwiesen. Dieses Verfahren zeigt, daß insgesamt ein "genereller" Beschluß über eine Spaltung nach heutigem Recht nicht existiert. Man bedient sich anderer Hilfsmittel, die auf umständliche Weise doch zum selben Ergebnis führen.[76] Vor allem wird die Mitwirkung der Hauptversammlung anhand von Normen (u.a. § 119 Abs. 2 AktG bei der Ausgliederung, die Gründungsvorschriften gemäß §§ 23 ff. AktG und § 262 Abs. 1 Nr. 2 AktG bei der Aufspaltung) erreicht, die nicht auf das Spaltungsverfahren zugeschnitten sind.

---

74 In dieser Richtung Timm, Die Aktiengesellschaft als Konzernspitze, S. 135 ff.; zum Gesellschaftsgegenstand Hoffmannn-Becking, Münchener Handbuch des Gesellschaftsrechts, Band 4, Aktiengesellschaft, § 9 Rdnr. 14, S. 46. Danach ist ausdrücklich beim Unternehmensgegenstand anzugeben, ob dem Vorstand die Möglichkeit eingeräumt werden soll, den Unternehmensgegenstand nicht nur durch eigenes Handeln zu verwirklichen, sondern auch mittelbar durch andere (Beteiligungs-) Unternehmen zu handeln; so auch Heinsius, ZGR 1984, 383, 406 ff.; Werner, ZHR 147(1983), 428, 450 ff.

75 Würde der Gegenmeinung gefolgt werden, so wäre zu untersuchen, ob nicht eine Ausnahme im Falle des Privatisierungszwecks gelten soll. Die Ausgliederung zwecks Privatisierung verstößt an sich nicht gegen den Gesellschaftszweck der übertragenden Aktiengesellschaft. Der Gesellschaftszweck betrifft die von den Aktionären mit der Gesellschaft verfolgten Ziele (Hoffmann-Becking, a.a.O., § 9 Rdnr. 8, S. 45). Falls die öffentliche Hand als alleinige Aktionärin die Ausgliederung zwecks Privatisierung erstrebt, liegt somit kein Verstoß gegen den Gesellschaftszweck vor. Gegen den Gesellschaftsgegegenstand wird, wie schon erläutert, nur verstoßen, wenn die Tochtergesellschaft eine andere Tätigkeit betreibt, als in der Satzung der übertragenden Gesellschaft bestimmt.

76 Wollensak., a.a.O., S. 33; Loos, DB 1990, 1359, erklärt: "Die Rechtswirkungen müssen vielmehr durch eine Kombination von Schritten herbeigeführt werden".

4) Übergang des Gesellschaftsvermögens auf die Nachfolgegesellschaften

Im deutschen Recht kann die Spaltung bis jetzt - außer in den Fällen der Privatisierungen durch die Treuhandanstalt - nur mit Hilfe einer Sachgründung durchgeführt werden.[77] Die Vermögensübertragung kann nur im Wege der Einzelrechtsnachfolge erfolgen. Auch die Ausgliederung als Unterfall der Spaltung[78] ist bislang gesetzlich nicht geregelt. Das Umwandlungsgesetz vom 6.11.1969 ist auf die Fallkonstellation der Spaltung nicht anwendbar. Dieses Gesetz regelt ganz bestimmte Fälle (so z.B. die Umwandlung einer GmbH in eine Aktiengesellschaft oder die Umwandlung des Unternehmens eines Einzelkaufmanns in eine Aktiengesellschaft). Es ist somit auf formumwandelnde Umwandlungen beschränkt, die im Rahmen dieser Arbeit nicht untersucht werden sollen. Es besteht weitgehend Einigkeit darüber, daß das Umwandlungsgesetz sich auf diese Fälle beschränkt und somit auch nicht analogiefähig ist.[79] Die Spaltung im Sinne der Teilung des Gesellschaftsvermögens einer Aktiengesellschaft auf mehrere Aktiengesellschaften ist somit nicht gesetzlich geregelt. Die Übertragung der Aktiva und Passiva richtet sich nach dem zivilrechtlichen Bestimmtheitsgrundsatz, der die einzelne Übertragung eines jeden Vermögensgegenstands auf die Nachfolgegesellschaften voraussetzt.[80] Diese rechtliche Regelung ist sehr unpraktisch: So müssen die einzelnen Gegenstände nach §§ 929 ff. BGB und Grundstücke gemäß §§ 873, 925 ff. BGB übereignet werden.[81] Gerade bei Liegenschaften führt dies zu höheren Kosten und zu einem erheblichen Zeitaufwand. Die Forderungen werden nach §§ 398 ff. BGB einzeln abgetreten. Diese Fülle von einzelnen Übereignungen und Abtretungen kann innerhalb einer Globalvereinbarung festgelegt werden. Diese erstreckt sich aber nur auf den schuldrechtlichen Vertrag, nicht auf das Verfügungsgeschäft. Zu beachten ist, daß bei diesem Verfahren der Einzelrechtsnachfolge unter Umständen die Schuldner oder die Gläubiger der über-

---

77 Fritz, Die Spaltung von Kapitalgesellschaften, S. 36.

78 Die Terminologie ist sehr streitig. Die beiden Entwürfe des BMJ behandelt ebenfalls die Ausgliederung als Unterfall der Spaltung. Dieser Auffassung soll hier gefolgt werden.

79 Teichmann, ZGR 1978, 36, 39 f.; Kropff, Festschrift für Geßler, S. 111, 123.

80 Vgl. K. Schmidt, Gesellschaftsrecht, § 12 V, S. 316 f.; Kropff, Festschrift für Geßler, S. 114 ff.; Fritz, Die Spaltung von Kapitalgesellschaften, S. 42.

81 Vgl. Kottmann, a.a.O., S. 22.

tragenden Gesellschaft zu beteiligen sind. So muß z.B. der Gläubiger im Rahmen der Übernahme einer Verbindlichkeit seine Genehmigung erteilen (vgl. §§ 415 ff. BGB). Probleme entstehen auch, wenn ein Abtretungsverbot gemäß § 399 2. Alt. BGB vereinbart wurde. Hier ist jedoch schon fraglich, ob die Übertragung im Sinne einer Spaltung noch als "Rechtsverkehr" zu verstehen ist.[82] Dies wird zu bejahen sein, da die übertragende Aktiengesellschaft ihr Vermögen auf andere Rechtsträger überträgt. Dies alles zeigt, wie sehr eine gesetzliche Regelung vonnöten ist.

Im Rahmen der Spaltung ist zwischen der Einbringung von Vermögensgegenständen in neu errichtete und in bereits bestehende Nachfolgegesellschaften zu unterscheiden.[83]

a) Bei noch zu gründenden Nachfolgegesellschaften (Spaltung zur Neugründung)

Im Falle einer neu zu errichtenden Nachfolgegesellschaft erfolgt die Übertragung der Vermögensgegenstände mittels Einbringung bei Sachgründung (§ 27 Abs. 1 und 2 AktG).[84]

b) Bei schon bestehenden Nachfolgegesellschaften (Spaltung zur Aufnahme)

Handelt es sich um eine schon bestehende Gesellschaft, so wird die Vermögensübertragung mittels Sachkapitalerhöhung erreicht, verbunden mit einer Kapitalherabsetzung in der übertragenden Aktiengesellschaft.[85]

Beiden Fallkonstellationen ist gemeinsam, daß das Vermögen mittels Einzelrechtsnachfolge übergeht.[86] Zur Übertragung der einzelnen Gegenstände bedarf es der oben genannten besonderen Vollzugshandlungen.

---

82 Duvinage, Die Spaltung von Personenhandelsgesellschaften, S. 51 f.

83 Vgl. zu den verschiedenen Möglichkeiten der Vermögenseinbringung bei Kapitalgesellschaften Fritz, Die Spaltung von Kapitalgesellschaften, S. 36.

84 Vgl. Hirte, Die AG 1990, 373, 375; zum Begriff der Sacheinlage und zur maßgebenden Bewertungskonzeption für die Sacheinlageprüfung siehe Schiller, Die AG 1992, 20, 24 ff.

85 K. Schmidt, Gesellschaftsrecht, § 13 III 3, S. 328.

86 Hierzu Barz in Großkomm. AktG, § 27 Anm. 3; Teichmann, Die AG 1985, 85, 87; Neye, DB 1982, 365; Bärmann, ZVglRWiss. 81 (1982), 251 f.

5) Beteiligungsverhältnisse im Rahmen des Spaltungsverfahrens

Im Rahmen der Spaltung sind verschiedene Beteiligungsverhältnisse denkbar:[87]

- Beteiligungswahrende Spaltung:

In dieser Konstellation entspricht die Beteiligungsquote der Aktionäre an den Nachfolgegesellschaften derjenigen an der übertragenden Gesellschaft.[88]

- Beteiligungsverändernde Spaltung:

Hier werden den einzelnen Aktionären oder Gruppen Anteile in der Weise zugewiesen, daß jede Nachfolgegesellschaft andere Aktionäre oder Aktionärsgruppen hat. Diese sind von den sonstigen Gesellschaften unabhängig.[89]

- Kombination der beiden genannten Möglichkeiten:

Bestimmte Aktionäre oder Aktionärsgruppen sind jeweils nur an einer Nachfolgegesellschaft beteiligt, während die anderen Aktionäre (oder -Gruppen) Beteiligungen an allen Nachfolgegesellschaften erhalten.

Es stellt sich die Frage, welche Mehrheit hinsichtlich des Kapitalherabsetzungsbeschlusses unter Auskehrung von Anteilen im Falle einer beteiligungsverändernden Spaltung erforderlich sein soll. Um zu verhindern, daß eine Minderheit mit weniger als 25%iger Beteiligung aus bestimmten Nachfolgegesellschaften verdrängt wird, müßte ein einstimmiger Beschluß vorausgesetzt werden. Hierzu fehlt im Aktiengesetz eine ausdrückliche Bestimmung. Aus dem in § 53a AktG verankerten Grundsatz der Gleichbehandlung der Aktionäre ist aber das Erfordernis der Zustimmung aller Betroffenen zu entnehmen. Eine "Verdrängung" von Minderheitsaktionären in eine wirtschaftlich schwächere Nachfolgegesellschaft würde gegen den Gleichbehandlungsgrundsatz verstoßen. Danach haben Minderheitsaktionäre ein Recht auf eine beteiligungswahrende Spaltung. Allerdings kann eine beteiligungsverändernde Spal-

---

87 Vgl. Ott, Die Realteilung einer Kapitalgesellschaft im Ertragsteuerrecht, S. 18 ff.

88 Im Schrifttum auch "pro-rata-Teilung" genannt. Siehe Fischer, Die Teilung von Kapitalgesellschaften, S. 14. Ebenso Himmelreich, Unternehmensteilung durch partielle Universalsukzession, S. 14. Jakob, Die steuerliche Behandlung der Unternehmensteilung, S. 13, nennt dies "unechte Teilung".

89 In der Literatur auch als "echte Teilung" bezeichnet. Vgl. dazu Himmelreich, Unternehmensteilung durch partielle Universalsukzession, S. 14; Jakob, Die steuerliche Behandlung der Unternehmensteilung, S. 14.

tung im Falle der Zustimmung der Minderheitsaktionäre zulässig sein. Auf die Vorschrift des § 53a AktG kann nicht generell, jedoch im Einzelfall verzichtet werden.[90]

6) Möglichkeiten der Anfechtung von Hauptversammlungsbeschlüssen im Rahmen des Spaltungsverfahrens[91]

Für die Anfechtung der im Spaltungsverfahren erforderlichen Hauptversammlungsbeschlüsse gelten die allgemeinen Grundsätze. Problematisch ist in erster Hinsicht, inwieweit das Registergericht einen Hauptversammlungsbeschluß eintragen kann, wenn dieser angefochten wurde, ein Urteil aber noch nicht ergangen ist.[92] Dieses Problem stellt sich bei Beschlüssen, deren Eintragung konstitutiver Natur ist. Das Gesetz trifft in solchen Fällen spezielle Regelungen: Bei der Verschmelzung z.B. bestimmt § 345 Abs. 2 S. 1 AktG, daß der Vorstand bei der Anmeldung zu erklären hat, die Verschmelzungsbeschlüsse seien innerhalb der Anfechtungsfristen nicht angefochten oder die Anfechtung rechtskräftig zurückgewiesen worden. Für die Spaltung einer Aktiengesellschaft fehlt eine solche Regelung. Es ist jedoch allgemeine Auffassung, daß in solchen gesetzlich nicht geregelten Fällen das Registergericht die Eintragung bis zum Ablauf der Anfechtungsfrist bzw. dem Vorliegen eines rechtskräftig gewordenen ablehnenden Urteils im Wege einer Aussetzungsverfügung gemäß § 127 FGG aussetzen kann.[93] Da es sich jedoch hier nicht um eine nur spaltungsspezifische Frage handelt, soll auf diese allgemeine Problematik nicht näher eingegangen werden. Festgehalten werden kann aber, daß eine erheblichere Verfahrensverlängerung bei mehrstufigen Konzepten wie das des Spaltungsverfahrens ein-

90 Lutter/Zöllner in Kölner Kommentar zum AktG, § 53a Rdnr. 29 f.

91 Sehr ausführlich zum Kontrollkonzept des geltenden Rechts Hommelhoff, ZGR 1990, 447, 448 ff.

92 Vgl. Scholz/K. Schmidt, Kommentar zum GmbHG, § 45 Rdnr. 50; Lutter, NJW 1969, 1873 ff.; Zöllner in Kölner Kommentar zum AktG, § 243 Rdnrn. 37 ff.; Baums, Eintragung und Löschung von Gesellschafterbeschlüssen, S. 64 ff.; ders., BB 1981, 262 ff.; Hueck, Anfechtbarkeit und Nichtigkeit von Generalversammlungsbeschlüssen, S. 1 ff.; Kiem, Die Eintragung der angefochtenen Verschmelzung, S. 1 ff.; LG Bielefeld WM 1988, 217 ff.; OLG Hamm WM 1988, 943 ff; BGH WM 1990, 592 ff.

93 K. Schmidt, Gesellschaftsrecht, § 28 IV, S. 726 f.; Zöllner in Kölner Kommentar zum AktG, § 243 Rdnrn. 37, 40 bis 44; Henn, Handbuch des Aktienrechts, § 27, S. 396 f.; sehr ausführlich hierzu Lüke, ZGR 1990, 657, 671 ff.

treten kann. Hier können mehrere Teilakte angefochten werden. Problematisch erscheint das Fehlen einer entsprechenden Regelung zu §§ 305, 306, 352c Abs. 1 S. 1 AktG und §§ 15, 12, 13, 30 UmWG. Danach kann eine Klage gegen die Wirksamkeit eines Hauptversammlungsbeschlusses über die Verschmelzung nicht auf ein unangemessenes Umtauschverhältnis gestützt werden. Die Einschränkung der Klagemöglichkeiten soll längere Zeitverzögerungen verhindern. Anschließend ist zu bedenken, daß im Rahmen einer Spaltung zwecks Privatisierung die Anfechtung von Hauptversammlungsbeschlüssen bei einer 100%igen Beteiligung der öffentlichen Hand keine Rolle spielt. Relevant wird das Problem erst bei einer Beteiligung Privater.

IV) Gläubigerschutz nach heutigem Recht (außerhalb der Treuhandtätigkeit)

Die Spaltung einer Kapitalgesellschaft hat einen wesentlichen Einfluß auf die Haftungsgrundlage des übertragenden Unternehmens. Die Altgläubiger bedürfen eines umfassenden Schutzes. Relevant wird der Gläubigerschutz in erster Hinsicht bei der Aufspaltung, da die übertragende Aktiengesellschaft erlischt. Bei der Abspaltung und Ausgliederung bleibt diese weiterhin bestehen, so daß die Haftungsgrundlage den Gläubigern nicht ganz entzogen wird. Aber auch bei der Abspaltung kann sich die Haftungsgrundlage - auch wenn die übertragende Aktiengesellschaft weiterhin existiert - erheblich verringern, da diese ein Teil ihres Vermögens ohne Gegenleistung (die Anteile an den neu gegründeten Gesellschaften gehen hier an die Aktionäre der übertragenden Aktiengesellschaft) überträgt. Somit stellt sich auch im Rahmen dieser Spaltungsart das Problem des Gläubigerschutzes.[94] Problematisch ist vor allem, ob die Altgläubiger ihre Ansprüche auch gegen die aus der Spaltung hervorgehenden Nachfolgegesellschaften geltend machen können.[95] Im Rahmen der Ausgliederung erwirbt das übertragende Unternehmen die Anteile an der neu gegründeten

94 Zum Problem des Gläubigerschutzes vgl. Duden/Schilling, Die AG 1974, 202, 212.

95 Vgl. zum Gläubigerschutz, Fischer, Die Teilung von Kapitalgesellschaften im Lichte neuerer Entwicklungen des Unternehmensrechtes, S. 86 ff.; Kottmann, Die Spaltung einer Aktiengesellschaft, S. 34, 88 ff.

Tochtergesellschaft. Die Haftungsgrundlage bleibt somit im selben Umfang wie vor der Ausgliederung erhalten.

1) Gläubigerschutz aus liquidationsrechtlichen Vorschriften

Im Falle der Liquidation besteht ein ausführlicher Gläubigerschutz: § 267 AktG bestimmt, daß die Abwickler unter Hinweis auf die Auflösung der Gesellschaft die Gläubiger auffordern müssen, ihre Ansprüche anzumelden. Gemäß § 267 S. 2 AktG ist diese Aufforderung dreimal in den Gesellschaftsblättern bekanntzumachen. Insbesondere zu beachten ist die Vorschrift des § 272 AktG. Danach dürfen Leistungen an die Gesellschafter (Verteilung des Liquidationserlöses) erst dann erfolgen, wenn die Sperrfrist von einem Jahr seit dem letzten Gläubigeraufruf abgelaufen ist. Nur in Ausnahmefällen (nach § 272 Abs. 3 AktG, wenn eine Forderung zu einem bestimmten Zeitpunkt nicht berichtigt werden kann oder falls eine Forderung streitig sein sollte) kann die übertragende Gesellschaft Sicherheit leisten, um das Vermögen dann verteilen zu können. Diese Vorschriften finden jedoch nur Anwendung im Falle der Spaltung mit Liquidation der übertragenden Gesellschaft. Im Falle der Spaltung ohne Liquidation der Altgesellschaft ergibt sich somit kein Gläubigerschutz aus liquidationsrechtlichen Vorschriften. Auch eine Analogie in einem solchen Fall dürfte ausscheiden, da die beiden Konstellationen - Spaltung mit oder ohne Liquidation - nicht vergleichbar sind. Bei der Abspaltung und der Ausgliederung bleibt das übertragende Unternehmen weiterhin bestehen. Eine Auflösung und eine anschließende Liquidation scheiden in diesen Fällen von vornherein per definitionem aus. In Betracht kommt somit nur der Fall der Aufspaltung. Hier wird die übertragende Gesellschaft immer aufgelöst. Anschließend erfolgt die Liquidation.[96] Wie im rechtsvergleichenden Teil dieser Arbeit noch zu untersuchen sein wird, bringt dies erhebliche Nachteile mit sich.

---

96 Gäbelein, BB 1989, 1420, 1421.

2) Gläubigerschutz aus den Vorschriften betreffend die Kapitalherabsetzung

Hier bestehen gemäß § 225 Abs. 1 und 2 AktG Sperrfristen, innerhalb derer die Gläubiger ihre Rechte gegenüber der übertragenden Aktiengesellschaft geltend machen können. Gemäß § 225 Abs. 2 S. 1 AktG dürfen Zahlungen an die Aktionäre auf Grund der Herabsetzung des Grundkapitals erst geleistet werden, nachdem seit der Bekanntmachung sechs Monate verstrichen sind und nachdem den Gläubigern, die sich rechtzeitig gemeldet haben, Befriedigung oder Sicherheit gewährt worden ist. Im Rahmen einer ordentlichen Kapitalherabsetzung nach § 222 Abs. 1 AktG soll an die Aktionäre, die mit Hilfe der einbringungsgeborenen Anteile befriedigt werden sollen, somit vor Ablauf dieser Frist keine Zahlung erfolgen. Im Falle einer Kapitalherabsetzung durch Einziehung von Aktien findet § 225 Abs. 2 gemäß § 237 bs. 2 S. 3 AktG ebenfalls Anwendung. § 225 Abs. 1 und 2 AktG ist zwingendes Recht, steht also nicht zur Disposition der Gläubiger und der Hauptversammlung.[97] Es besteht immer noch die Möglichkeit, daß unbekannte Gläubiger sich melden und ihre Ansprüche geltend machen.[98] Auch wenn die übertragende Gesellschaft keine Verbindlichkeiten mehr hat, müssen die Vorschriften über die Sperrfrist eingehalten werden. Es wäre denkbar, daß nicht alle Verbindlichkeiten erfaßt und gesehen wurden. Auf den Gläubigeraufruf nach § 267 AktG kann ebenfalls nicht verzichtet werden.[99]

3) Haftung der Nachfolgegesellschaften aus § 25 HGB

Die Anwendung des § 25 HGB ist heftig umstritten. [100] Zunächst müßte es sich um einen Erwerb durch Einzelrechtsnachfolge handeln.[101] Dies ist bei Spaltungen nach

97 Zur Problematik siehe Kraft in Kölner Kommentar zum AktG, § 272 Rdnr. 2.

98 Kraft, a.a.O., unter § 272 Anm. 2; bezüglich der GmbH, bei der die Rechtslage identisch ist, vgl. Scholz/K. Schmidt, Kommentar zum GmbHG, § 73 Anm. 5.

99 Kottmann, Die Spaltung einer Aktiengesellschaft, S. 89.

100 Vgl. zum Stand der Literatur, Fischer, Die Spaltung von Kapitalgesellschaften im Lichte neuerer Entwicklungen des Unternehmensrechtes, S. 106 ff.

101 Vgl. Heymann/Emmerich, Handelsgesetzbuch, § 25 Rdnr. 11; sehr ausführlich zu den Voraussetzungen des § 25 HGB Commandeur, Betriebs-, Firmen- und Vermögensübernahme, S. 119 ff.

heutigem Recht, wie schon beschrieben, zweifellos mangels gesetzlicher Grundlage der Fall.[102] Der Normzweck des § 25 HGB besteht in der Unternehmenskontinuität, nicht im Gedanken der Vermögensübernahme.[103] Der Bundesgerichtshof stellt darauf ab, ob der erworbene Betriebsteil für sich allein lebensfähig sei und von einem Dritten isoliert fortgeführt werden könne. Die Identität des Unternehmens müsse jedoch erhalten geblieben sein. Die Frage ist, ob der Firmenkern nach der Verkehrsanschauung derselbe geblieben ist.[104] Es bedarf somit im Rahmen einer Spaltung einer Einzelfallprüfung.[105] Bei einer Aufspaltung wird jedoch der Unternehmenskern nicht auf eine einzige Nachfolgegesellschaft übergehen. Das Wesen der Aufspaltung liegt gerade darin, daß das gesamte Gesellschaftsvermögen auf mehrere Gesellschaften verteilt wird. Hinsichtlich einer Abspaltung oder Ausgliederung ist dies denkbar. Dies setzt dann voraus, daß nur ein unwesentlicher Teil des Gesellschaftsvermögens in der übertragenden Aktiengesellschaft zurückbleibt. Diese wesentlichen Abgrenzungsprobleme verdeutlichen die Ungeeignetheit des § 25 HGB, einen wirksamen Gläubigerschutz im Rahmen einer Spaltung zu gewähren.

V) Arbeitnehmerschutz im Rahmen einer Spaltung

Es entspricht der herrschenden Auffassung, daß § 613a BGB auch im Rahmen einer Spaltung Anwendung findet.[106] § 613a BGB setzt einen rechtsgeschäftlichen Betriebsübergang voraus. Das Tatbestandsmerkmal "durch Rechtsgeschäft" dient nach herrschender Auffassung nur noch der Unterscheidung zwischen Einzelrechtsnachfolge und Gesamtrechtsnachfolge.[107] Im Rahmen der Spaltung nach heutigem Recht erfolgt die Vermögensübertragung nach den Grundsätzen der Einzelrechtsnachfolge. §

---

102 Siehe unter 1. Teil, A I 2.

103 K. Schmidt, Handelsrecht, S. 245.

104 BGH NJW 1982, 577; BGH NJW 1986, 581; ausführlich hierzu K. Schmidt. Handelsrecht, S. 241; Fischer, Die Teilung von Kapitalgesellschaften, S. 113.

105 Ebenfalls die grundsätzliche Anwendbarkeit des § 25 HGB bejahend Fischer, Die Teilung einer Kapitalgesellschaft, S. 113.

106 Fischer, a.a.O., S. 119 ff.

107 Staudinger/Richardi, BGB, § 613a Rdnr. 81 ff., 85; Lieb, Arbeitsrecht, S. 112 ff., 114; BAG AP Nr. 44 zu § 613a BGB; v. Hoyningen-Huene/Windbichler, RdA 1977, 329 ff, 330.

613a BGB wäre indes abzulehnen, wenn eine bloße Übertragung einzelner sächlicher Betriebsmittel stattfände.[108] Dies ist jedoch bei einer Spaltung nicht der Fall: es werden alle Verbindlichkeiten und Pflichten übertragen, so daß nicht von bloßer Übertragung sächlicher Betriebsmittel die Rede sein kann.

Fraglich ist aber, welchem Betrieb der jeweilige Arbeitnehmer zuzuordnen ist. Dies ist vor allem relevant, wenn eine abgespaltene Gesellschaft sich in finanziellen Schwierigkeiten befindet und dadurch in absehbarer Zeit mit Entlassungen zu rechnen ist. Bei der Ausgliederung stellt sich das Problem, ob der Arbeitnehmer bei der Muttergesellschaft bleibt oder nunmehr der Tochtergesellschaft angehört. Im Rahmen einer Abspaltung besteht die Möglichkeit der Beschäftigung des Arbeitnehmers sowohl bei der übertragenden als auch bei der Nachfolgegesellschaft. Bei der Aufspaltung müssen die Arbeitsverhältnisse auf eine der neu gegründeten Gesellschaften übergehen, da die übertragende AG aufgelöst wird. Die Zuweisung der einzelnen Arbeitnehmer in die verschiedenen Nachfolgegesellschaften richtet sich nach deren Betriebszugehörigkeit.

Problematisch ist, ob auch im Rahmen der Spaltung dem einzelnen Arbeitnehmer ein Widerspruchsrecht zusteht. Das BAG hat in ständiger Rechtsprechung im Rahmen des § 613a BGB dem Arbeitnehmer bei Übergang eines Betriebsteils ein Widerspruchsrecht zugestanden.[109] Ein Widerspruch wäre bei einer Ausgliederung und bei einer Abspaltung vorstellbar, da die übertragende Aktiengesellschaft weiterhin bestehen bleibt, der Arbeitnehmer daher ein Interesse am Verbleiben haben kann. Im Rahmen einer Aufspaltung sind Vorteile für den Arbeitnehmer bei Ausübung seines Widerspruchsrechts nicht ersichtlich. Würde ein Widerspruchsrecht von vornherein im Rahmen einer Aufspaltung abgelehnt, könnte der Arbeitnehmer ohnehin nur noch bei dem neuen Arbeitgeber beschäftigt werden, auf den der Betrieb übergegangen ist. Im Falle des Widerspruchs des Arbeitnehmers wird seitens des "alten" Arbeitgebers eine betriebsbedingte Kündigung in Betracht kommen. Eine betriebsbedingte Kündigung ist anzunehmen, wenn der Arbeitgeber nicht mehr über ausreichende Beschäftigungsmöglichkeiten verfügt, auch wenn dies eine Folge einer Betriebstillegung

---

108 Lieb, a.a.O., S. 113.

109 BAG DB 1974, 601; BAG AP Nr. 1 zu § 613a BGB; BAG DB 1987, 942; zur bisherigen Rechtsprechung des BAG siehe Bauer, NZA 1991, 881, 882.

sein sollte.[110] Hierbei ist es gleichgültig, ob der unternehmerische Entschluß zur Betriebsstillegung heteronom oder autonom veranlaßt worden ist.
Argumente gegen eine Übertragung der Grundsätze des BAG zum Widerspruchsrecht im Rahmen des § 613a BGB auf den vorliegenden Fall könnten sich aber aus dem Urteil des Europäischen Gerichtshofs zu einer entprechenden Vorschrift des § 613a BGB ergeben.[111] Der EuGH sieht in dieser Vorschrift "nur" den Schutz des Arbeitnehmers. Der allgemein geltende Grundsatz in den europäischen Rechtsordnungen, daß der Schuldnerwechsel nur mit Zustimmung des Gläubigers erfolgen könne, wird abgelehnt. Da die Arbeitsverhältnisse gerade im Interesse der Arbeitnehmer auf die nachfolgenden Betriebsinhaber übergingen, könne es nicht Sinn und Zweck des § 613a BGB sein (im Urteil handelte sich um eine entsprechende niederländische Vorschrift), diesen Übergang zu verhindern. Der Arbeitnehmer habe somit kein Widerspruchsrecht, falls er seine Tätigkeit nicht für den neuen Arbeitgeber fortführen wolle.[112] Nach den genannten Grundsätzen wäre nach heutigem Stand von einer Anwendung der Widerspruchsgrundsätze des BAG abzusehen.[113] Durch Beschluß vom 21.5.1992 legte der 2. Senat des Bundesarbeitsgerichts gemäß Art. 177 Abs. 3 EWG-Vertrag dem EUGH zur Interpretation der Art. 3 und 7 der Richtlinie 77/187 vom 14.2.1977 des Rates der Europäischen Gemeinschaft mehrere Fragen vor, u.a. über die Zulässigkeit eines Widerspruchsrechts des Arbeitnehmers bei einem Betriebsübergang.[114] Mit Urteil vom 16.12.1992 hat der EuGH nun eine EG-rechtliche Pflicht der Mitgliedstaaten zur gesetzlichen Aufrechterhaltung von Arbeitsverhältnissen bei Widerspruch des Arbeitnehmers beim Betriebsübergang verneint.[115] Danach ist es Sache der Mitgliedstaaten zu bestimmen, was in einem solchen Fall mit dem Arbeitsvertrag oder dem Arbeitsverhältnis mit dem Veräußerer geschieht. Art. 3 Abs. 1 der Richtlinie 77/187/EWG des Rates vom 14.2.1977 verwehrt einem Arbeitnehmer, der im Zeitpunkt des Übergangs i.S.v. Art. 1 Abs. 1 der

---

110 Vgl. Lieb, Arbeitsrecht, S. 94 ff.; Löwisch, Arbeitsrecht, Rdnrn. 1334 ff.

111 EuGH-Urteil vom 5.5.1988, NZA 1990, 885; Siehe auch die Besprechung von Bauer, NZA 1990, 881 ff.; Joost, ZIP 1991, 220 ff.

112 Siehe Bauer, NZA 1990, 881, 886 f.

113 So auch Löwisch, Arbeitsrecht, Rdnr. 1452.

114 Hierzu ArbuR 1992, 216 f.

115 EuGH, Urt. v. 16.12.1992, ZIP 1993, 221 ff.

Richtlinie beim Veräußerer beschäftigt ist, nicht, dem Übergang seines Arbeitsvertrages oder Arbeitsverhältnisses auf den Erwerber zu widersprechen.

VI) Unterschiede zwischen der Spaltung zwecks Privatisierung und der "herkömmlichen" Spaltung - Besonderheiten der Privatisierung

Zunächst ist die Funktion der Hauptversammlung im Rahmen einer Spaltung zwecks Privatisierung zu untersuchen. Da die zwecks Spaltung erforderlichen Beschlüsse (Kapitalherabsetzungsbeschluß, Ausgliederungsbeschluß nach dem Holzmüller-Urteil, Auflösung der übertragenden Gesellschaft je nach Spaltungsart) jeweils eine Mehrheit von 75% des vertretenen Grundkapitals voraussetzen, ist bei einer staatlichen Beteiligung von mehr als 75% der Wille der restlichen privaten Anteilseigner "ausgeschaltet". Denn in dieser Fallkonstellation kann sich keine Sperrminorität (genau 25% und eine Aktie) formen. Hält der Staat hingegen weniger als 75% Anteile, kann eine Minorität Privater jede Spaltung verhindern.
Hinsichtlich der Möglichkeit einer beteiligungsverändernden Spaltung ist gemäß § 53a AktG die Zustimmung aller Aktionäre erforderlich. Diese Vorschrift schützt im Rahmen einer Spaltung zwecks Privatisierung die Minderheit privater Aktionäre, wenn der Staat als Großaktionär eine beteiligungsverändernde Spaltung erstrebt. Falls der Staat hingegen - wie bei einer Spaltung zwecks Privatisierung häufig anzutreffen sein wird - eine 100%ige Beteiligung an der übertragenden Aktiengesellschaft vorweist, wird die Möglichkeit einer Beteiligungsveränderung gegenstandslos. Auch ist das äußerst umstrittene Problem der Anfechtung in einem solchen Fall bedeutungslos. Wenn allerdings eine Minorität privater Aktionäre besteht, ergeben sich dieselben "Gefahren" wie bei einer rein privaten Beteiligung. Es wird ersichtlich, daß die Bedeutung der Hauptversammlung von dem Maße staatlicher Beteiligung abhängig ist. Der Staat als Anteilseigner ist diesbezüglich nicht anders zu behandeln als ein "Großaktionär". Die Ausführungen zum Gläubiger- und Arbeitnehmerschutz bleiben in Hinsicht auf die Besonderheit der Privatisierung unberührt. Die Haftung des Staates als Aktionär entspricht derjenigen eines privaten. Es ergeben sich somit nach dieser Rechtslage keine Unterschiede zu einer herkömmlichen Spaltung.

B) Die Spaltung zum Zwecke der Privatisierung durch die Treuhandanstalt im geltenden Recht

I) Einführung

Das am 5.4.1991 erlassene Gesetz über die Spaltung der von der Treuhandanstalt verwalteten Unternehmen (SpTrUG) regelt das Verfahren nur für die ehemaligen ostdeutschen Unternehmen. Vorbilder für das SpTrUG waren das französische Recht und der Diskussionsentwurf des BMJ von 1988 zur Bereinigung des Umwandlungsrechts.[116] Das SpTrUG orientiert sich an der Sechsten Richtlinie der Europäischen Gemeinschaft vom 17.12.1982. Der sehr zügige Erlaß des SpTrUG verdeutlicht, wie sehr die Treuhandanstalt auf diese im Gesetz festgelegten "Werkzeuge" angewiesen ist.[117] Auch zeigen die zahlreichen vor Inkrafttreten des SpTrUG "vorweggenommenen" Spaltungen von umgewandelten volkseigenen Betrieben das Bedürfnis einer ausdrücklichen Regelung. Viele Wirtschaftseinheiten sind noch in der DDR gespalten worden. Die Beteiligten gingen anscheinend davon aus, daß §§ 11 ff. TreuHG und die Umwandlungsverordnung vom 1.3.1990 dies ermöglichten.[118] Das Landgericht Berlin hat in seinem Beschluß vom 31.1.1991 die Umwandlung eines ehemals volkseigenen Betriebs in mehrere GmbHs als zulässig erachtet, obwohl das SpTrUG zu diesem Zeitpunkt als gesetzliche Grundlage nicht bestand.[119] Für die sogenannten "Altfälle" bestimmt § 12 SpTrUG, daß soweit vor dem Inkrafttreten des SpTrUG durchgeführte Realteilungen wegen einer fehlenden rechtlichen Grundlage nicht wirksam geworden sein sollten, die hierauf beruhenden Mängel des Rechtsübergangs mit der Eintragung der neuen Kapitalgesellschaft im Handelsregister geheilt sind.[120] Das Bezirksgericht Dresden hat darüber hinaus in seinem Beschluß

---

116 Vgl. BR-Drucks. 71/91 vom 8.2.1991, Gesetzentwurf der Bundesregierung, Begründung zum SpTrUG, S. 17 f.

117 Vgl. Bundesratsdrucksache 71/91 vom 8.2.1991, Brief des Bundeskanzlers an den Präsidenten des Bundesrats.

118 Neye zu BezG Dresden, EWiR § 12 SpTrUG 1/91, S. 1013.

119 LG Berlin ZIP 1991, 251.

120 Vgl. hierzu BR-Drucks. 71/91 vom 8.2.1991, S. 36 ff.

vom 5.7.1991 entschieden (Leitsatz): "Haben ein ehemaliger VEB und die Treuhandanstalt in der Zeit vor dem Inkrafttreten des Unternehmenspaltungsgesetzes eine Unternehmenspaltung in der Weise erklärt, daß das Betriebsvermögen ohne Einzelübertragungen der Vermögensgegenstände auf mehrere Nachfolgegesellschaften übergehen sollte und sind von den Nachfolgegesellschaften alle bis auf eine ins Handelsregister eingetragen worden, so wird durch die Registereintragung ein etwaiger Mangel des Rechtsübergangs auch bei der letzten noch nicht ins Handelsregister eingetragenen Nachfolgegesellschaft geheilt."[121] In den Gründen hingegen erklärt das Gericht, die "Restgesellschaft" sei einzutragen.[122] Die Eintragung dieser Gesellschaft sei somit nachträglich vorzunehmen. Das Gericht begründete dies damit, daß wegen der erfolgten Eintragung der anderen Nachfolgegesellschaften und der anschließend hinsichtlich dieser Gesellschaften eingetretenen Heilung nach § 12 Abs. 1 S. 1 SpTrUG, sich eine entsprechende nicht mehr in Frage zu stellende Zuordnung des restlichen Betriebsvermögens auch für die letzte - nicht eingetragene Nachfolgegesellschaft - ergebe.[123] Der Leitsatz der Entscheidung ist jedoch mit § 12 Abs. 1 S. 1 SpTrUG nicht in Einklang zu bringen. Der Gesetzgeber wollte die Bindungswirkung i.S. dieser Vorschrift lediglich in den Fällen, in denen die Eintragung der aus der fehlgeschlagenen "Spaltung" hervorgegangenen Gesellschaften im Handelsregister bereits vor dem Inkrafttreten des SpTrUG (12.4.1991) erfolgt war.[124] Im Ergebnis (unter Einbeziehung der Entscheidungsgründe) ist der Beschluß aber zu begrüßen und entspricht auch dem Sinn und Zweck des § 12 Abs. 1 S. 1 SpTrUG.

Interessant ist die Frage, ab welchem Zeitpunkt Unternehmen der ehemaligen DDR überhaupt spaltungsfähig sind. Aus § 1 S. 1 SpTrUG ist zu entnehmen, daß sowohl fertigen als auch "im Aufbau" sich befindenden Kapitalgesellschaften im Sinne von § 14 Treuhandgesetz Spaltungsfähigkeit zuerkannt wird.[125] In der Regel erfolgt die

---

121 BezG Dresden ZIP 1991, 1390.

122 Zu diesem Widerspruch siehe Neye, BezG Dresden EWiR § 12 SpTrUG 1/91, S. 1013 f.

123 BezG Dresden ZIP 1991, 1390 f.

124 Vgl. BR-Drucks. 71/91 vom 8.2.1991, S. 36 ff.; hierzu Mayer, DB 1991, 1609, 1614 f.

125 Vgl. hierzu Mayer, DB 1991, 1609; Priester, DB 1991, 2373, 2376.

Spaltung nach vollzogener Umwandlung in eine Gesellschaftsform privatrechtlicher Natur.

II) Beispiele aus der Praxis

Zur Illustration mögen zwei Beispiele aus der Presse kurz erläutert werden.

1) Stamag-AG (Kombinat Anlagenbau Braunkohle)

Dieses ehemalige Kombinat der DDR mit ursprünglich 10.000 Mitarbeitern wurde von der Treuhandanstalt übernommen. Um eine Privatisierung zu ermöglichen und die Effizienz des Unternehmens wieder herzustellen, war eine Entflechtung erforderlich.[126] Es erfolgte eine Aufspaltung des ehemaligen Kombinats in drei Aktiengesellschaften.

2) Tridelta-AG

Nach der Umwandlung in eine Aktiengesellschaft hatte die Tridelta-AG eine viel zu ausgedehnte Produktpalette.[127] Folge hiervon war, daß das Unternehmen als Ganzes unveräußerlich war. Die Treuhandanstalt entschloß sich somit zu der Aufspaltung der Tridelta-AG in acht Unternehmen.

---

126 Siehe den Bericht in der FAZ vom 5.11.1991, Nr. 257, S. 25, "Stamag steht vor der Privatisierung".

127 Vgl. den Bericht in der FAZ vom 29. August 1991, Nr. 200, S. 11, "Die Entflechtung ostdeutscher Unternehmen soll forciert werden". In diesem heißt es: "...besaß das Gesamtunternehmen doch von der technischen Keramik für die Elektrizitätswirtschaft über Zündkerzen bis hin zu Elektroschaltern ein viel zu großes Produktspektrum".

III) Arten von Spaltungen

Das SpTrUG kennt gemäß § 1 Nr. 1, 2 nur die Auf- und Abspaltung. Diese zwei Spaltungsarten können laut SpTrUG nur zur Neugründung erfolgen. Gemäß § 10 SpTrUG erfolgt die Übertragung des Gesellschaftsvermögens bei diesen Spaltungsarten, wie noch zu erläutern ist, im Wege der partiellen Gesamtrechtsnachfolge. Der Begriff der Ausgliederung ist dem SpTrUG fremd.[128] Falls eine Ausgliederung vorgenommen werden sollte, müßte diese nach den allgemeinen Regeln des heutigen Rechts erfolgen. Das Vermögen würde dann durch Einzelrechtsnachfolge übergehen.[129] Es ist aber sehr fraglich, ob die Ausgliederung ein geeignetes Mittel zur Spaltung dieser Unternehmen wäre. Wie schon erläutert, ist es Zweck der Ausgliederung, Tochtergesellschaften zu gründen.[130] Ziel des SpTrUG ist es aber, den Verkauf von Anteilen an den Gesellschaften durch die Spaltung zu erleichtern. Es sollen selbständige Unternehmen entstehen, jedoch keine Tochtergesellschaften. Im letzteren Fall bleiben die Anteile an der Tochtergesellschaft in der Hand der übertragenden Gesellschaft (hier als Muttergesellschaft). Im Rahmen der Ausgliederung könnte die übertragende Aktiengesellschaft jedoch anschließend die Anteile an den Nachfolgegesellschaften an Private verkaufen. Der Gesetzgeber hat diese Möglichkeit im SpTrUG nicht vorgesehen.

IV) Verfahren nach dem SpTrUG[131]

1) Verschiedene Stufen des Verfahrens

Das Spaltungsverfahren nach dem SpTrUG erfolgt mehrstufig: Zunächst hat der Vorstand der übertragenden Gesellschaft einen Spaltungsplan aufzustellen (§ 2 Abs. 1 S. 1 SpTrUG). Erst nach der Beurkundung und Einreichung des Spaltungsplans zum

---

128 Zum Fehlen der Ausgliederung im SpTrUG siehe Priester, DB 1991, 2373, 2376.

129 Mayer, DB 1991, 1609 f.

130 Siehe unter "Grundlagen", 1. Teil, A I 1 c.

131 Zum Verfahren im Rahmen des SpTrUG siehe auch Grosser, WR 1991, 338, 339 ff.

Handelsregister gemäß § 2 Abs. 3 SpTrUG erfolgt der Spaltungsbeschluß durch die Hauptversammlung gemäß § 7 SpTrUG. Aus Zeitgründen wäre es ratsam, die "neuen" Gesellschaften bei der Beurkundung des Spaltungsplans nach den Gründungsvorschriften zu gründen.

Folgende Schritte sind zur Spaltung einer Aktiengesellschaft nach dem SpTrUG erforderlich:

- Aufstellung eines Spaltungsplans durch den Vorstand als Vertretungsorgan (§ 2 SpTrUG)
- Vorliegen eines Spaltungsbeschlusses (§ 7 SpTrUG)
- Anmeldung und Eintragung des Spaltungsbeschlusses (§ 9 SpTrUG)
- Anmeldung und Eintragung der neuen Gesellschaften in das Handelsregister (§ 8 SpTrUG)
- Vorlegung eines Spaltungsberichts durch den Vorstand (§ 4 SpTrUG) und Prüfung der Spaltung durch Sachverständige (§ 5 SpTrUG)
- Auflösung der übertragenden Gesellschaft bei Aufspaltung (§ 1 Nr. 1 SpTrUG).

Im einzelnen:

a) Spaltungsplan (§ 2 SpTrUG)

Der Spaltungsplan ist nach französischem Vorbild gestaltet worden.[132] Dieser wird vom Vorstand aufgestellt. Wesentlicher Inhalt des Spaltungsplans ist gemäß § 2 Abs. 1 Nr. 9 SpTrUG die genaue Beschreibung und Aufteilung der Gegenstände des Aktiv- und Passivvermögens. Grund für diese Auflistungspflicht ist das Bestehen einer -

---

132 Siehe BR-Drucks. 71/91, Gesetzentwurf der Bundesregierung, Begründung zum SpTrUG, S. 21 f.

partiellen - Gesamtrechtsnachfolge im Rahmen der Spaltung. Da nicht jeder Gegenstand einzeln übertragen und jede Forderung einzeln abgetreten werden muß, ist eine Art "Inventar" im Rahmen des Spaltungsplans erforderlich, um genau zu wissen, was nun als Vermögen auf welche der neuen Gesellschaften übergeht.[133] Diese Vorschrift trägt dem sachenrechtlichen Bestimmtheitsgrundsatz Rechnung. Auch ist zu berücksichtigen, daß der zukünftige private Erwerber einer "Spaltungsgesellschaft" ein evidentes Interesse daran hat, über das Vermögen und die Verbindlichkeiten der Gesellschaft informiert zu sein. Ziel der Spaltung ist eben die nachfolgende Veräußerung an Private.[134] Gemäß § 2 Abs. 2 und 4 SpTrUG ist der Spaltungsplan notariell zu beurkunden und beim Handelsregister am Sitz der übertragenden Gesellschaft einzureichen. Aus praktischen Gründen sollte die Gründung der neuen Gesellschaften gleichzeitig mit der Beurkundung des Spaltungsplans erfolgen.

Erst nachdem der Vorstand den Inhalt des Spaltungsplans aufgestellt hat, entscheidet die Hauptversammlung über die Spaltung nach Maßgabe des Spaltungsplans. Somit wird die Zuständigkeit des Vorstands für die Aufstellung des Spaltungsplans festgelegt. Dies besagt jedoch nichts über die Rechtsnatur dieser Maßnahme. Das Problem ist, ob es sich hier um eine Geschäftsführungsmaßnahme oder ein Grundlagengeschäft handelt. Gemäß §§ 76, 77 AktG hat der Vorstand die Aktiengesellschaft unter eigener Verantwortung zu leiten. Die Geschäftsführungstätigkeit umfaßt jede auf den Betrieb der Gesellschaft gerichtete Tätigkeit, sowohl in rechtsgeschäftlicher als auch in tatsächlicher Hinsicht.[135] Zu den Kompetenzen des Vorstandes gehören nicht die die Grundlagen der Gesellschaft berührenden Handlungen. Es ist zweifelhaft, ob das Aufstellen eines Spaltungsplans eine bloße Geschäftsführungstätigkeit darstellt. Der Spaltungsplan enthält u.a. Angaben zu der Verteilung der Anteile an die Gesellschafter der übertragenden Aktiengesellschaft und die Beschreibung der Gegenstände des Aktiv- und Passivvermögens, die auf die Nachfolgegesellschaft übergehen sollen. Diese konkreten Fragen können als solche nicht mehr als einfache Geschäftsführungstätigkeit bezeichnet werden. Sie sind so einschneidend, daß sie eindeutig die

133 Mayer, a.a.O., S. 1610 f.

134 Mayer, a.a.O., S. 1612.

135 Geßler, AktG, § 77 Rdnr. 1.

Grundlagen der Gesellschaft tangieren. Allerdings faßt der Vorstand ja selbst keinen Beschluß darüber, sondern legt den Spaltungsplan der Hauptversammlung vor. Vertretbar wäre es deshalb, die Aufstellung des Spaltungsplans als eine die Hauptversammlung vorbereitende Maßnahme aufzufassen. Gemäß § 83 Abs. 1 S. 1 AktG ist der Vorstand auf Verlangen der Hauptversammlung verpflichtet, die Maßnahmen, die in die Zuständigkeit der Hauptversammlung fallen - also hier den Spaltungsbeschluß -, vorzubereiten. Die Vorbereitung und Ausführung sind typische Geschäftsführungsmaßnahmen des Vorstandes.[136] Der Vorstand darf im Rahmen des § 83 Abs. 1 S. 1 AktG auch Verträge vorbereiten, insbesondere Unternehmens- und Verschmelzungsverträge nach §§ 291, 340, 353 AktG.[137] Dies ist ein vergleichbarer Fall mit dem Aufstellen eines Spaltungsplans. Auch hier bereitet der Vorstand eine Grundlagenmaßnahme vor. Im Ergebnis ist der Vorstand zu der Aufstellung eines Spaltungsplans im Einklang mit dem Aktiengesetz befugt. Wäre dies nicht der Fall, hätte das SpTrUG als lex specialis den Vorrang.

b) Spaltungsbeschluß (§ 7 SpTrUG)

Hier gelten die normalen Regeln über die Beschlußfassung bei der Aktiengesellschaft.[138] Das Gesetz sieht eine bestimmte Mehrheit nicht vor. Der Gesetzgeber ging auf Grund der 100%igen Beteiligung - unmittelbar oder mittelbar - der Treuhandanstalt davon aus, daß die Einstimmigkeit bei der Beschlußfassung grundsätzlich gegeben ist.[139]

Im Falle der Abspaltung ist folgendes zu beachten: Die übertragende Gesellschaft bleibt bestehen. Das Vermögen der übertragenden Aktiengesellschaft vermindert sich um den Wert des auf die Nachfolgegesellschaft(en) übergegangenen Vermögens.

---

136 Geßler, AktG, § 83 Rdnr. 2.

137 Geßler, AktG, § 83 Rdnr. 5; Geßler/Hefermehl/Eckhardt/Kropff, AktG, § 83 Rdnrn. 5 f.; Mertens in Kölner Kommentar zum AktG, § 83 Rdnr. 2.

138 Weimar, DtZ 1991, 105, 108, untersucht die Auswirkungen des Holzmüller-Urteils (BGHZ 83, 122) des Bundesgerichtshofs auf das Verhältnis der Treuhandanstalt zum Vorstand. Dies erscheint jedoch durch die Einführung eines ausdrücklichen Spaltungsbeschlusses abwegig. Die Entscheidung des Bundesgerichtshofs beruht gerade darauf, daß eine gesetzliche Regelung fehlte.

139 Hierzu Ganske, DB 1991, 791.

Dieses kann aus stillen oder offenen Reserven stammen. In dem Fall ist das im Handelsregister ausgewiesene Kapital der übertragenen Gesellschaft konstant geblieben. Ansonsten ist eine Kapitalherabsetzung durchzuführen.[140] Diesbezüglich sind die allgemeinen Vorschriften des Aktiengesetzes anzuwenden. Es stellt sich dann die Frage, ob die Eintragung der Durchführung der Kapitalherabsetzung Voraussetzung für die Eintragung des Spaltungsbeschlusses ist. Wie noch festzustellen sein wird, verlangen sowohl der Diskussionsentwurf (§ 183 DisE) als auch der Referentenentwurf (§ 146 RefE) des Bundesministeriums der Justiz zunächst die Eintragung der Durchführung der Kapitalherabsetzung. Das SpTrUG schweigt zu diesem Punkt. § 9 Abs. 3 SpTrUG könnte jedoch für eine gleiche Handhabung sprechen. Danach hat das Vertretungsorgan der übertragenden Gesellschaft bei der Anmeldung der Spaltung gegenüber dem Registergericht zu erklären, daß die durch Gesetz und Gesellschaftsvertrag oder Satzung vorgesehenen Voraussetzungen für die Gründung der übertragenden Aktiengesellschaft unter Berücksichtigung der Abspaltung im Zeitpunkt der Anmeldung weiter vorliegen. Diese Erklärung kann der Vorstand nur abgeben, wenn das übertragene Vermögen aus Reserven stammt. In diesem Fall berührt die Vermögensübertragung nicht die Deckung des Kapitals. Ansonsten kann die Erklärung nur abgegeben werden, wenn vor oder gleichzeitig mit der Spaltung eine Kapitalherabsetzung durchgeführt wird.[141] Auch im vorliegenden Fall ist davon auszugehen, daß die Durchführung der Kapiatalherabsetzung zunächst oder spätestens gleichzeitig ins Handelsregister einzutragen ist. Somit ist zum Schutze des Rechtsverkehrs sichergestellt, daß die Kapitalherabsetzung nicht erst nach der tatsächlichen Vermögensminderung durch die Abspaltung, sondern vor dieser Änderung erfolgt. Es ist wohl anzunehmen, daß in der Praxis die Kapitalherabsetzung in dem Spaltungsbeschluß enthalten ist. Es ist aber zu beachten, daß der Kapitalherabsetzungsbeschluß gemäß § 222 Abs. 1 S. 1 AktG einer Dreiviertelmehrheit bedarf. Ein neuer selbständiger Beschluß wäre umständlich und überflüssig. Auch entstünden neue Eintragungskosten beim Registergericht.

---

140 Zur Kapitalherabsetzung im Rahmen einer Abspaltung nach dem SpTrUG siehe Priester, DB 1991, 2373, 2377; Ising/Thiell, DB 1991, 2021, 2024; Weimar, DtZ 1991, 182, 184; Ganske, DB 1991, 791, 795;

141 Ganske, DB 1991, 791, 795.

c) Anmeldung und Eintragung des Spaltungsbeschlusses

Gemäß § 9 Abs. 1 SpTrUG ist der Spaltungsbeschluß nach seiner Anmeldung in das Handelsregister einzutragen. Das SpTrUG bestimmt in § 10 Abs. 1, daß die Vermögensübertragung (Nr. 1) und die Auflösung der übertragenden Gesellschaft im Falle einer Aufspaltung (Nr. 2) mit Eintragung des Spaltungsbeschlusses erfolgen.
Das Kreisgericht Erfurt hat in seinem - allerdings wegen eines nachträglichen Vergleichs nicht rechtskräftig gewordenen - Urteil vom 29.7.1991 in Form eines obiter dictums eine Aufspaltung trotz erfolgter Eintragung des Spaltungsbeschlusses als nicht erfolgt angesehen.[142] Zwar geht das Kreisgericht Erfurt richtigerweise davon aus, daß es bei der partiellen Universalsukzesssion auf die Handelsregistereintragung ankommt[143], von diesem eindeutigen Grundsatz weicht das Gericht aber hier im Rahmen seiner Entscheidung ab: Grund hierfür sei ein Verstoß gegen die arbeitnehmerschützende Vorschrift des § 613a BGB, indem das Spaltungsgesetz objektiv funktionswidrig in Anspruch genommen worden sei. Laut Sachverhalt war keine Eintragung des Spaltungsbeschlusses erfolgt, das Gericht erklärte aber, daß es im Falle der erfolgten Eintragung konsequenterweise auch das übertragende Unternehmen als nicht erloschen angesehen hätte. Die Eintragung des Spaltungsbeschlusses hätte dann lediglich die Unrichtigkeit des Handelsregisters zur Folge gehabt. Diese Auffassung des Kreisgerichts Erfurt steht in eindeutigem Widerspruch zu der Vorschrift des § 10 Abs. 1 SpTrUG: die Eintragung soll gerade konstitutiven Charakter haben. Eine Annahme des nur deklaratorischen Charakters der Eintragung eines Spaltungsbeschlusses hätte gravierende Folgen für die Sicherheit im Rechtsverkehr. Diese gesellschaftsrechtlichen Grundsätze müssen auch im Falle eines Rechtsmißbrauches gelten. Die Sicherheit des Rechtsverkehrs hat hier eindeutig Vorrang vor den Interessen der Betroffenen im konkreten Fall. Das Einsichtsrecht der Gläubiger im Handelsregister wäre bedeutungslos, ließe man solche Ausnahmen zu.

---

142 Urteil des KrG Erfurt vom 29.7.1991, ZIP 1991, 1233, 1255 = Die AG 1992, 126 ff.

143 Siehe KrG Erfurt, Urteil vom 29.7.1991 in ZIP 1991, 1233, 1254.

d) Anmeldung des Spaltungsvorhabens und Eintragung der neuen Gesellschaften

Nach § 8 Abs. 1 SpTrUG hat der Vorstand das Spaltungsvorhaben zum Handelsregister der übertragenden Gesellschaft und gleichzeitig auch die Gründung der neuen Gesellschaften anzumelden. Die Anmeldung der Gründung der neuen Gesellschaften erfolgt durch den Vorstand der übertragenden Gesellschaft und nicht durch das Vertretungsorgan der zu gründenden Gesellschaften. Nach § 36 Abs. 1 AktG müßte die Anmeldung zur Eintragung in das Handelsregister durch alle Gründer und Mitglieder des Vorstands und des Aufsichtsrats der Nachfolgegesellschaft erfolgen. Insoweit ist das SpTrUG lex specialis. Da die Gründerin, nämlich die übertragende AG durch ihren Vorstand vertreten wird, spielt diese keine Rolle. Die Anmeldung durch die Aufsichtsratsmitglieder entfällt jedoch nach dem SpTrUG. Dies läßt sich anhand der 100%igen Beteiligung der Treuhandanstalt erklären. Im Schrifttum wird die Frage diskutiert, ob die Eintragung des Spaltungsvorhabens bei der übertragenden Gesellschaft und die Eintragung der neuen Gesellschaften schon erfolgen können, bevor der Spaltungsbeschluß vorliegt.[144] Da die Spaltung erst durch die Eintragung des Beschlusses gemäß § 9 Abs. 1 SpTrUG wirksam wird, und auch die neuen Gesellschaften erst mit der Eintragung in das Handelsregister der übertragenden Gesellschaft entstehen, besteht keine Gefahr, wenn die Anmeldung des Spaltungsvorhabens und der Gründung der neuen Gesellschaften vor dem Spaltungsbeschluß erfolgt. Aus einem Ausbleiben des erwarteten Beschlusses kann sich kein Nachteil ergeben.
Es ist zu unterstreichen, daß eine Übertragung des Gesellschaftsvermögens im Rahmen des SpTrUG nur auf neu zu gründende Gesellschaften zulässig ist, nicht jedoch auf schon bestehende Gesellschaften.[145]
Gemäß § 3 SpTrUG sind auf die Gründung der neuen Gesellschaften die für deren Rechtsform geltenden Gründungsvorschriften anzuwenden, für eine Aktiengesellschaft somit §§ 23-53 AktG. Dies soll u.a. garantieren, daß die neu gegründeten Gesellschaften den Mindestanforderungen entsprechen und somit "lebensfähig" sind.[146] So muß jede Nachfolgegesellschaft in Form einer Aktiengesellschaft gemäß

144 Vgl. zum Ganzen Ising/Thiell, DB 1991, 2021, 2023 f. Siehe dazu auch Mayer, DB 1991, 1609, 1610.

145 Weimar, ZIP 1991, 769, 776; Priester, DB 1991, 2373, 2376.

146 Heymann, BuW 1991, 230, 233.

§ 7 AktG ein Grundkapital von mindestens DM 100.000,-- vorweisen. Die neuen Gesellschaften entstehen im Wege der Sachgründung.[147]

e) Spaltungsbericht und Prüfung der Spaltung (§ 5 Abs. 1 SpTrUG)

Der vom Vorstand zu erstellende Spaltungsbericht dient in erster Hinsicht den Aktionären. Demnach kann aber gemäß Art. 22 Abs. 1 i.V.m. Art. 10 der Sechsten Richtlinie der Europäischen Gemeinschaften vom 17.12.1982 auf diese Vorschrift verzichtet werden. Dies ist in § 4 Abs. 3 SpTrUG auch ausdrücklich bestimmt. Im Falle einer unmittelbaren Beteiligung der Treuhandanstalt ist der Bericht gegenstandslos.[148] Eine Straffung des Spaltungsverfahrens ist hier wünschenswert. Es ist davon auszugehen, daß die Treuhandanstalt aus diesen Gründen gegenüber dem Registergericht eine Verzichtserklärung abgeben wird. Zu beachten ist, daß mangels Verzichts der Treuhandanstalt der Vorstand einer Aktiengesellschaft zu der Erstellung des Berichts verpflichtet ist. Der Verzicht auf den Spaltungsbericht ist aber im Falle einer nur mittelbaren Beteiligung der Treuhandanstalt an einer zu spaltenden Aktiengesellschaft bedenklich, da der Vorstand dieser Aktiengesellschaft gegenüber der Treuhandanstalt nach den allgemeinen Regeln des Aktienrechts weisungsungebunden ist. Insofern ist auch die in § 4 Abs. 1 SpTrUG festgelegte Bekanntgabe des Spaltungsberichts nur an die Treuhandanstalt nicht unbedenklich, dies vor allem im Falle einer nur mittelbaren Beteiligung der Treuhandanstalt. Auch ist zu bedenken, daß die Sechste Richtlinie der Europäischen Gemeinschaften ausdrücklich die Bekanntgabe des Spaltungsberichts an die Aktionäre anordnet. Im Rahmen einer nur mittelbaren Beteiligung der Treuhandanstalt ist der Aktionär aber streng gesehen die an der zu spaltenden Aktiengesellschaft beteiligte Aktiengesellschaft.
Gemäß § 5 Abs. 2 SpTrUG gilt dies für die Spaltungsprüfung durch die Sachverständigen entsprechend. Im Rahmen der Spaltungsprüfung werden die Bewertung der Aktiva und Passiva und das vorgeschlagene Umtauschverhältnis kontrolliert. Letzteres ist wie auch der Spaltungsbericht wegen der Alleinbeteiligung der Treuhandanstalt uninteressant.

---

147 Priester, DB 1991, 2373, 2376.

148 Marsch-Barner, DWiR 1991, 89, 92; Ganske, DB 1991, 791, 793; Vossel, DStR 1991, 519.

Die Bewertung der Aktiva und Passiva erfolgt aber u.a. im Interesse der Gläubiger der übertragenden Gesellschaft. Fraglich ist, welche Rechtsfolgen sich ergeben, wenn Gläubiger gerade auf Grund einer falschen Bewertung durch die bestellten Sachverständigen geschädigt werden. In Betracht kommen verschiedene Lösungsansätze. Eine Haftungsnorm ennthält das SpTrUG nicht. Auch die in § 3 S. 1 und 2 SpTrUG enthaltene Verweisung auf die Gründungsvorschriften des Aktiengeseztes führt zu keinem Anspruch. Die Gründungsprüfer sind im Falle einer Pflichtverletzung gemäß § 49 AktG i.V.m. § 323 Abs. 1 S. 3 HGB nur der Kapitalgesellschaft zum Schadensersatz verpflichtet. Auf verletzte Dritte findet diese Norm keine Anwendung. Zu denken wäre an einen Anspruch der Gläubiger gegen die Sachverständigen aus Verletzung eines Vertrags mit Schutzwirkung zugunsten Dritter.[149] Bei fehlerhafter Überprüfung hat der Sachverständige eine ihm obliegende Pflicht aus dem mit der Aktiengesellschaft geschlossenen Dienstvertrag verletzt. Problematisch erscheint die Abgrenzung des geschützten Personenkreises. Es muß sich um Personen handeln, die mit der Leistung des anderen Teils nach der Natur dieser Leistung mehr oder minder zwangsläufig in Berührung kommen und die dem Gläubiger in solcher Weise nahestehen, daß dieser, dem Schuldner erkennbar, auf die Sicherheit dieser Personen ebenso vertraut wie auf seine eigene.[150] Der Bundesgerichtshof hat in Fällen eines fehlerhaften Jahresabschlusses die Haftung von Wirtschaftsprüfern anhand der Grundsätze des Vertrags mit Schutzwirkung zugunsten Dritter bejaht.[151] Die Einbeziehung Dritter in den Schutzbereich des Vertrags ist anzunehmen, wenn sich ein auf den Schutz Dritter gerichteter Parteiwille ergibt. Dies ist in der Regel dann der Fall, wenn z.B. ein Gutachten erkennbar für einen Käufer oder Kreditgeber bestimmt ist.[152] Im vorliegenden Fall erfolgt die Prüfung des Spaltungsberichts auch im Interesse der Gläubiger. Diese können anhand des Spaltungsberichts erkennen, wie es um die Liquidität der einzelnen Gesellschaften steht. Die Gläubiger gehören somit zum geschützten Personenkreis. Eine drittschützende Wirkung ist zu bejahen. Ein Anspruch ergibt sich somit aus Pflichtverletzung des Vertrags mit Schutzwirkung

---

149 Siehe hierzu Palandt/Heinrichs, BGB, § 328 Rdnrn. 16 ff.

150 Fikentscher, Schuldrecht, S. 186 ff.

151 Vgl. BGH NJW-RR 1989, 696; Palandt/Heinrichs, BGB, § 328 Rdnr. 32.

152 BGH NJW 1987, 1759; Ffm NJW-RR 1986, 337.

zugunsten Dritter. Ein Anspruch aus § 823 Abs. 1 BGB scheidet aus, da die Gläubiger einen Vermögenschaden erleiden. Das Vermögen ist aber kein absolutes Recht i.S.v. § 823 Abs. 1 BGB.[153] In Betracht käme ein Anspruch aus § 823 Abs. 2 BGB i.V.m. § 5 Abs. 1 SpTrUG. Voraussetzung hierfür wäre allerdings, daß § 5 Abs. 1 SpTrUG ein Schutzgesetz im Sinne des § 823 Abs. 2 BGB darstellt. Den Schutz eines anderen bezweckt die Norm, wenn ihr Inhalt nach dem Willen des Gesetzgebers in Form eines Gebotes oder Verbotes auch einem gezielten Individualzweck dient und gegen eine näher bestimmte Art der Schädigung eines im Gesetz festgelegten Rechtsgutes oder Individualinteresses gerichtet ist.[154] Die Schaffung eines individuellen Schadensersatzanspruchs muß erkennbar sein oder zumindest im Rahmen des haftpflichtrechtlichen Gesamtsystems tragbar erscheinen.[155] Zwar ist es ersichtlich, daß die Prüfung den Gläubigern zugute kommen soll, der Gesetzeswortlaut läßt dies jedoch nicht erkennen. Insbesondere ergibt sich kein individueller Schadensersatzanspruch aus dem Wortlaut des Gesetzes. § 5 Abs. 1 SpTrUG ist eine reine Verfahrensregelung. Zum Vergleich sei auf die Vorschriften der §§ 331 ff. HGB hingewiesen. Hier wird angenommen, allein die eine Straftat beinhaltenden §§ 332, 333 HGB seien Schutzgesetze im Sinne des § 823 Abs. 2 BGB.[156] Ein Strafcharakter ist aus § 5 Abs. 1 SpTrUG aber nicht zu entnehmen. Mangels eines Schutzgesetzes scheidet ein Anspruch aus § 823 Abs. 2 BGB somit aus. Letztlich zu prüfen wäre ein Anspruch aus § 826 BGB. Der Bundesgerichtshof wendet § 826 BGB schon in Fällen an, in denen eine leichtfertige (grob fahrlässige) unrichtige Begutachtung in dem Bewußtsein der möglichen Schädigung vorliegt, wenn der Schädiger mit Rücksicht auf sein Ansehen, seine Ausbildung und seinen Beruf in den Augen der Beteiligten eine Vertrauensstellung einnimmt.[157] Der Bundesgerichtshof hat in mehreren Fällen von fehlerhaften Gutachten und anschließenden Schäden Dritter in dieser Richtung entschieden.[158] Die Sachverständigen, in der Regel Wirtschaftsprüfer, gehören auf

---

153 BGHZ 41, 127; Palandt/Thomas, BGB, § 823 Rdnr. 31.

154 Palandt/Thomas, BGB, § 823 Rdnr. 141.

155 BGHZ 46, 23; BGH DB 1976, 1665.

156 OLG Karlsruhe WM 1985, 944; Heymann/Herrmann, HGB, § 323 Rdnr. 7; Baumbach-Duden-Hopt, HGB, § 323 2 B.

157 Staudinger/Schäfer, BGB, § 826 Rdnr. 46; BGH NJW 1978, 1758

158 U.a. BGH VersR 1966, 1032; BGH NJW-RR 1986, 1150; BGH WM 1975, 559.

Grund ihres Berufs eindeutig zu dem vom Bundesgerichtshofs angesprochen Personenkreis. In der Praxis wird es jedoch äußerst schwer sein, im Falle der Spaltungsprüfung eine grobe Fahrlässigkeit der Sachverständigen hinsichtlich der Prüfung und mindestens bedingten Vorsatz bezüglich der Schädigung beweisen zu können. Daher kommt es für die Anwendung des § 826 BGB auf den jeweiligen Fall an.

f) Auflösung der übertragenden Gesellschaft im Falle der Aufspaltung

Der Auflösungsbeschluß muß nach den allgemeinen Vorschriften des Gesellschaftsrechts von der Hauptversammlung gefaßt werden. Nach dem SpTrUG erfolgt die Auflösung der übertragenden Gesellschaft im Rahmen einer Aufspaltung ohne anschließende Abwicklung (Liquidation).[159]

2) Übertragung des Gesellschaftsvermögens auf die Nachfolgegesellschaften

Der Übergang der Vermögensgegenstände erfolgt laut Gesetz als Gesamtheit (§§ 1 Nr. 1, 10 Abs. 1 Nr. 1 SpTrUG).[160] Da die Verteilung der Aktiven und Passiven aber durch den Spaltungsplan festgelegt wird, handelt es sich um eine "partielle" Gesamtrechtsnachfolge.[161] Die einzelne Nachfolgegesellschaft übernimmt nicht das gesamte Vermögen der übertragenden Gesellschaft.[162] Funktion des Spaltungsplans ist es, die übergehenden Gegenstände verbindlich festzulegen, um Rechtsklarheit zu verschaffen. Das Vermögen im Sinne des SpTrUG besteht aus allen Aktiven und Passiven. Alle Rechte und Verbindlichkeiten gehen auf die Nachfolgegesellschaften über.[163] Die übertragende Gesellschaft ist in der Zuordnung der im Spaltungsplan

---

159 Siehe Grosser, WR 1991, 338, 339; Marsch-Barner, DWiR 1991, 89, 93.

160 Zur Übertragung des Gesellschaftsvermögens im Rahmen des SpTrUG vgl. den Beschluß des Bezirksgerichts Dresden vom 5.7.1991, DWiR 1991, 163 f.; vgl. auch Engels, DB 1991, 966, 967; Bericht zum "Gesetz zur Beseitigung von Hemmnissen bei der Privatisierung von Unternehmen und zur Förderung von Investitionen", DB 1991, 484, 485; Niederleithinger, ZIP 1991, 205, 215 f.; siehe auch Urteil des Kreisgerichts Erfurt vom 29.7.1991, ZIP 1991, 1233, 1254. Sehr ausführlich zur Gesamtrechtsnachfolge im Rahmen des SpTrUG und des Diskussionsentwurfs des BMJ, K. Schmidt, AcP 191 (1991), 495, 510. Siehe auch Hohmeister, BB 1992, 285, 286 f.; Böhringer, BB 1991, Beil. 13, S. 1, 7 f.

161 Vgl. u.a. Weimar/Alfes, BB 1991, Beil. 9, S. 16, 20; Marsch-Barner, DWiR 1991, 89 f.

162 Vgl. zu diesem Problem Weimar/Alfes, BB 1991, Beil. 9, S. 16, 20.

163 Vgl. hierzu Heymann, BuW 1991, 230; Strobel, BB 1991, 636, 638.

genau festgelegten Aktiven und Passiven zu den einzelnen Nachfolgegesellschaften grundsätzlich frei. Diese Freiheit findet ihre Grenzen in § 3 SpTrUG. Die Verteilung muß den Anforderungen an die Mindestkapitalaufbringung entsprechen. Die Spaltung darf darüber hinaus nicht mißbräuchlich sein. Das Kreisgericht Erfurt hatte im Falle einer "verschmelzenden Spaltung" die objektive Funktionswidrigkeit festgestellt und demzufolge einen Verstoß gegen § 613a BGB angenommen.[164] Das Spaltungsgesetz bezweckt die Verwaltung und somit die Bildung und Erhaltung funktionsfähiger Unternehmenseinheiten.[165] Im Rahmen der zu untersuchenden Spaltung sollten alle Arbeitsverhältnisse mit einem Teil der Aktiven und Passiven auf eine Nachfolgegesellschaft übergehen. Die sonstigen Nachfolgegesellschaften sollten ausschließlich Grundstücke und Gebäude erhalten. Dies hielt das Gericht mit dem Zweck des SpTrUG als nicht für vereinbar. Als Ausgleich zur freien Zuteilung der Aktiven und Passiven besteht - wie noch zu behandeln sein wird - die gesamtschuldnerische Haftung der Nachfolgegesellschaften gegenüber den Gläubigern der übertragenden Aktiengesellschaft. Dieser Ausgleich ist erforderlich, um einen ausreichenden Schutz der Gläubiger zu gewährleisten (vergleiche § 11 Abs. 1 SpTrUG). Grenzen für eine Verteilung der Aktiven und Passiven auf die nachfolgenden Gesellschaften finden sich aber in den Vorschriften über das erforderliche Mindestkapital für Aktiengesellschaften, da gemäß § 3 S. 1 SpTrUG die allgemeinen Gründungsvorschriften Anwendung finden. Somit ist immer ein entsprechender Überschuß der Aktiven über die Passiven notwendig und dies bei jeder einzelnen Nachfolgegesellschaft.[166]

3) Anfechtungsmöglichkeiten der Hauptversammlungsbeschlüsse im Rahmen des SpTrUG

Das Problem der Anfechtung von Hauptversammlungsbeschlüssen mit allen damit verbundenen Folgen stellt sich hier grundsätzlich nicht, da alle Anteile sich in der

---

164 Zu diesem Problem siehe KrG Erfurt ZIP 1991, 1233, 1254 f.

165 Hierzu BR-Drucks. 71/91 vom 8.2.1991, S. 18 f.

166 Siehe auch Priester, DB 1991, 2373, 2376 f.

Hand der Treuhandanstalt befinden. Ein einzelner Aktionär kann somit nicht anhand einer Anfechtung das Spaltungsverfahren beeinflussen.[167] Denkbar wäre allerdings der Alleingang eines Vorstandes im Rahmen einer nur mittelbaren Beteiligung der Treuhandanstalt. Dieser Fall könnte auf Grund der im Aktiengesetz garantierten Unabhängigkeit des Vorstands gegenüber Aufsichtsrat und Hauptversammlung eintreten (siehe hierzu unter VII 1). Die Treuhandanstalt könnte sich nicht dagegen wehren, wenn der Vorstand einer an der zu spaltenden Aktiengesellschaft beteiligten Gesellschaft den Spaltungsbeschluß anfechten würde, auch wenn sie ein großes Interesse am zügigen Spaltungsverfahren hat.

V) Gläubigerschutz im Rahmen der Privatisierung durch die Treuhandanstalt

Gemäß § 11 Abs. 1 S. 1 SpTrUG haften die an der Spaltung beteiligten Gesellschaften als Gesamtschuldnerinnen für die Verbindlichkeiten der übertragenden Gesellschaft.[168] Andernfalls könnten sich die Gesellschaften durch entsprechende Verteilung von Aktiva und Passiva auf die nachfolgenden Gesellschaften ihrer Pflichten entziehen.[169] Die Verteilung der Aktiven und Passiven wird gemäß § 2 Abs. 1 Nr. 9 SpTrUG durch den Spaltungsplan bestimmt. § 11 Abs. 1 S. 2 und 3 SpTrUG gewährt den Gläubigern noch nicht fälliger Forderungen einen Anspruch auf Sicherheitsleistung.[170] Die Haftung beschränkt sich auf den Betrag, den der Gläubiger erhalten hätte, wenn eine Spaltung nicht durchgeführt worden wäre.

---

167 Siehe hierzu ganske, DB 1991, 791, 793.

168 Allgemein zum Haftungsmodell des SpTrUG K. Schmidt, ZGR 1993, 366, 384 f.; Kleindiek, ZGR 1992, 513, 522 f.; Teichmann, ZGR 1993, 396, 418 f.; sehr ausführlich zum Gläubigerschutz Heiss, DWiR 1993, 12; zum speziellen Problem der Publizität des Spaltungsplans im Kontext des Gläubigerschutzes vgl. Rottnauer, DB 1992, 1393 und zum Problem der Zuordnung von Darlehen bei der Spaltung von Treuhandunternehmen und ihrer Auswirkungen im Insolvenzfall siehe Reschke, DB 1992, 1509.

169 Zu dieser Problematik siehe K. Schmidt, AcP 191 (1991), 495, 513.

170 Weimar, DtZ 1991, 182, 184; Vossel, DStR 1991, 519.

Im Falle einer Kapitalherabsetzung ist zu untersuchen, ob auch die diesbezüglichen Vorschriften über den Gläubigerschutz anwendbar sind. Grundsätzlich richtet sich die Kapitalherabsetzung nach den allgemeinen Vorschriften des Aktiengesetzes. Gemäß § 225 Abs. 2 S. 1 AktG dürften Zahlungen an die Aktionäre - hier an die Treuhandanstalt oder bei nur mittelbarer Beteiligung an eine Aktiengesellschaft - auf Grund der Kapitalherabsetzung erst geleistet werden, wenn seit der Bekanntmachung der Eintragung des Kapitalherabsetzungsbeschlusses sechs Monate verstrichen sind und nachdem den Gläubigern, die sich rechtzeitig gemeldet haben, Befriedigung oder Sicherheit gewährt worden ist. Die Einhaltung dieser Bestimmung würde die Durchführbarkeit eines Spaltungsverfahrens erheblich erschweren. Der Gesetzgeber ging davon aus, daß unter Umständen eine Kapitalherabsetzung erforderlich sei.[171] Da dieser sich nicht ausdrücklich zu der Geltung der Sperrfrist nach § 225 AktG geäußert hat, stellt sich die Frage, ob § 11 SpTrUG als lex specialis eine ausschließende Wirkung entfaltet. Angesichts des Erfordernisses zügiger Spaltungsverfahren ist § 11 SpTrUG die maßgebende Gläubigerschutzvorschrift im Rahmen einer Spaltung. Die gesamtschuldnerische Haftung aller Nachfolgegesellschaften, eine im deutschen Recht völlig neue Bestimmung, ist gerade auf das Spaltungsverfahren zugeschnitten. Den Gläubigern entsteht kein Nachteil. Fristen i.S. des § 225 Abs. 2 S. 1 AktG sind hier nicht vorgesehen. Eine solche "Wartezeit" könnte unter Umständen das Ende einer Gesellschaft bedeuten. Im Ergebnis schließt § 11 SpTrUG als lex specialis die Gläubigerschutzbestimmungen über die Kapitalherabsetzung aus.[172]

Die zeitweise sehr umstrittene Frage, ob die Treuhandanstalt im Rahmen des Konzernrechts für die Schulden der von ihr verwalteten Unternehmen einzustehen hat, kann im Rahmen dieser Untersuchung nicht behandelt werden.[173] Dieser wissen-

---

171 BR-Drucksache 71/91, S. 31.

172 So auch Ising/Thiell, DB 1991, 2021, 2024.

173 Hierzu KrG Erfurt ZIP 1991, 1233 ff. = Die AG 1992, 126 ff. Das Gericht hat in seinem Urteil ausgeführt, die Treuhandanstalt sei im Verhältnis zu den von ihr verwalteten Kapitalgesellschaften ein Unternehmen im Sinne der §§ 15 ff. AktG. Diesbezüglich würden die vom BGH in der "Autokran-Entscheidung" (BGHZ 95, 330 = BB 1985, 2065 = NJW 1986, 188) entwickelten Grundsätze zum konzernrechtlichen Haftungsdurchgriff Anwendung finden; vgl. Weimar, KrG Erfurt EWiR § 303 AktG 2/91, S. 947 f.; zum Problem der konzernrechtlichen Haftung der Treuhandanstalt vgl. auch Weimar/Alfes, ZIP 1991, 1529, 1533; Weimar/Bartscher, ZIP 1991, 69 ff.; Timm, ZIP 1991, 413; Kerber/Stechow, DWiR 1992, 93, 97 ff.; Weimar, ZGR

schaftliche Streit um die Anwendung der aktienrechtlichen Vorschriften über herrschende Unternehmen hat sich mit der Einführung der Vorschrift des Art. 28a EGAktG durch Gesetz vom 14.7.1992 - zumindest in der Praxis - erledigt.

VI) Arbeitnehmerschutz

1) Anwendung des § 613a BGB[174]

Fraglich ist, ob § 613a BGB überhaupt auf das Spaltungsverfahren nach dem SpTrUG anwendbar ist. Nach herrschender Auffassung liegt im Falle einer Gesamtrechtsnachfolge kein Betriebsübergang durch "Rechtsgeschäft" i.S.v. § 613a BGB vor.[175] § 613a BGB findet nur Anwendung im Rahmen einer Einzelrechtsnachfolge.[176] Danach ist die Rechtsnachfolge kraft Gesetzes (durch Erbfolge, Verschmelzung oder Umwandlung) von § 613a BGB nicht umfaßt.[177] In einem solchen Fall bedürfe es wegen des Übergangs der Arbeitverhältnisse im Rahmen der Gesamtrechtsnachfolge des § 613a BGB nicht.[178] Die Übertragung des Vermögens im Rahmen des SpTrUG könnte aber letztendlich doch auf einem Rechtsgeschäft beruhen, nämlich auf dem Spaltungsplan.[179] Ein Rechtsgeschäft ist ein Tatbestand der aus

---

1992, 477; Halighorst/Spoerr, ZGR 1992, 499; siehe auch Kerstin Schwenn, Im Fallnetz der Treuhand, Risiken der Konzernhaftung, in der FAZ vom 22.4.1992, Nr. 94, S. 15.

174 Zu den Wirkungen des § 613a BgB auf das Spaltungsverfahren Belling/Collas, NJW 1991, 1919; Commandeur, NZA 1991, 705 ff.; siehe auch K. Schmidt, AcP 191 (1991), 495, 515. Allgemein zu den Voraussetzungen des § 613a BGB Commandeur, Betriebs-, Firmen- und Vermögensübernahme, S. 8 ff.

175 Seiter, Betriebsinhaberwechsel, S. 142; Erman/Hanau, BGB, § 613a Rdnr. 26; Staudinger/Richardi, BGB, § 613a Rdnrn. 81, 83, 190 ff.; Schaub in MünchKomm., BGB, 613a BGB Rdnr. 3; Quander, Betriebsinhaberwechsel bei Gesamtrechtsnachfolge, S. 10 ff.; BAG, AP Nr. 24 zu § 613a BGB m. Anm. Lüke; Belling/Müsgen, NZA 1991, Beil. 1, S. 7, 16 f.; Oetker/Busche, NZA 1991, Beil. 1, S. 18 ff.; a.A. K. Schmidt, AcP 1991, 495, 515 ff.

176 Commandeur, Betriebs-, Firmen- und Vermögensübernahme, S. 28 ff.

177 Zur Gesamtrechtsnachfolge im Rahmen des § 1922 BGB vgl. Commandeur, Betriebs-, Firmen- und Vermögensübernahme, S. 28 ff.

178 Commandeur, NZA 1991, 705, 710 ff.; Oetker/Busche, NZA 1991, Beil. 1, S. 19 f.

179 Hierzu Marsch-Barner, DWiR 1991, 89, 94; Oetker/Busche, NZA 1991, Beil. 1, S. 18, 19 f.; Weimar/Alfes, BB 1991, Beil. 9, S. 16, 20 f.; dies., DB 1991, 1830; Fit-

mindestens einer Willenserklärung sowie oft aus anderen Elementen besteht und an den die Rechtsordnung den Eintritt des gewollten rechtlichen Erfolges knüpft.[180] Die im Spaltungsplan enthaltenen Angaben bilden die Willenserklärung des Vorstandes. Darin wird vor allem die genaue Beschreibung und Aufteilung der Gegenstände des Aktiv- und Passivvermögens, das an jede der begünstigten Gesellschaften zu übertragen ist, festgelegt. Der gewünschte Erfolg liegt hier in der Festsetzung der Verteilung der Aktiven und Passiven auf die Nachfolgegesellschaften zwecks Spaltung. Im Ergebnis stellt der Spaltungsplan ein Rechtsgeschäft dar. Darüber hinaus liegt bei der Vermögensübertragung, wie schon erläutert, eine "partielle" Universalsukzession vor.[181] Dies hängt damit zusammen, daß die Zuordnung der Aktiven und Passiven im Spaltungsplan festgelegt wird. Auch ist in § 16 Abs. 1 SpTrUG der Wille des Gesetzgebers ersichtlich, § 613a BGB doch gelten zu lassen.[182] Im Ergebnis ist somit § 613a BGB auf das Spaltungsverfahren nach SpTrUG anwendbar.[183] Folge der Anwendung ist im Rahmen der Abspaltung, daß gemäß § 613a Abs. 2 S. 1 BGB die übertragende Gesellschaft für die Verpflichtungen aus Arbeitsverhältnissen neben der jeweiligen Nachfolgegesellschaft als Gesamtschuldnerin haftet, soweit die Verpflichtungen vor dem Zeitpunkt des Übergangs entstanden sind und vor Ablauf von einem Jahr nach diesem Zeitpunkt fällig werden. Insofern ist die Neufassung des § 613a Abs. 3 BGB eine Klarstellung.

In § 2 Abs. 1 Nr. 10 SpTrUG wird bestimmt, daß die auf die Nachfolgegesellschaften übergehenden Arbeitsverhältnisse genau anzugeben sind. Gemäß § 2 Abs. 4 SpTrUG ist der Spaltungsplan dann gleichzeitig mit der Einreichung beim Handelsregister dem

---

ting/Auffarth/Kaiser/Heither, BetrVG, § 1 Rdnr. 70g; Belling/Müsgen, NZA 1991, Beil. 1, S. 7, 17; Ising/Thiell, DB 1991, 2082.

180 Brox, Allgemeiner Teil des Bürgerlichen Gesetzbuchs, Rdnr. 94 ff.

181 Vgl. u.a. Marsch-Barner, DWiR 1991, 89 f.; Weimar/Alfes, BB 1991, Beil. 9, S. 16, 20.

182 Vgl. amtliche Begründung in BR-Drucks. 71/91 vom 8.2.1991, Gesetzentwurf der Bundesregierung, Begründung zum SpTrUG, S. 19; Weimar, DtZ 1991, 182, 183; zu dieser Frage war der Gesetzgeber großer Kritik ausgesetzt, da § 613a BGB von Natur aus Einzelrechtsnachfolge voraussetzt. Die Spaltung im Rahmen des SpTrUG erfolgt jedoch anhand der Gesamtrechtsnachfolge. Vgl. zum Streit, Oetker/Busche, NZA 1991, Beilage 1, S. 19; Weimar/Alfes, BB 1991, Beil. 9, S. 16, 20; Ising/Thiell, DB 1991, 2082.

183 Vgl. hierzu auch Umnuß, Organisation der Betriebsverfassung und Unternehmerautonomie, S. 159, 163, der im Falle des Übergangs des gesamten Geschäftsbetriebs die Anwendung des § 613a BGB bejaht.

Betriebsrat weiterzuleiten.[184] Die sonstigen Informationsrechte des Betriebsrats nach §§ 80 Abs. 2, 106, 111 BetrVG bestehen weiterhin.[185] Gemäß § 106 Abs. 2 BetrVG ist der Wirtschaftsausschuß schon über Spaltungsabsichten zu unterrichten. Auch der Entwurf des Spaltungsplans ist später dem Wirtschaftsausschuß nach § 106 Abs. 2 BetrVG weiterzuleiten.[186]

Fraglich ist, in welchem Verhältnis die Vorschriften des § 2 Abs. 1 Nr. 10 SpTrUG und § 613a BGB stehen. Zwischen beiden Vorschriften besteht ein wesentlicher Unterschied: In dem Spaltungsplan müssen die Arbeitsverhältnisse aufgeführt werden, die nach Ansicht des Vorstands auf die neuen Gesellschaften übergehen sollen. Im Rahmen des § 613a BGB besteht jedoch keine Wahlmöglichkeit. Die Arbeitsverhältnisse gehen entsprechend der Betriebszugehörigkeit auf die nachfolgenden Gesellschaften über. Angesichts des in § 16 Abs. 1 SpTrUG ersichtlichen Willens des Gesetzgebers, die Vorschrift des § 613a BGB auch im Rahmen dieses Gesetzes gelten zu lassen, ist von einem Vorrang des § 613a BGB vor § 2 Abs. 1 Nr. 10 SpTrUG auszugehen. Dies führt zu der Konsequenz, daß die Auflistung der übergehenden Arbeitsverhältnisse im Spaltunsplan nur als deklaratorisch zu betrachten ist.[187] Maßgebend für Grenz- und Zweifelsfälle ist der Übergang des Arbeitsverhältnisses im Rahmen des Betriebsübergangs nach § 613a BGB.

Damit stellt sich die Frage, ob dem Arbeitnehmer auch ein Widerspruchsrecht zusteht. Im Falle der Aufspaltung sind mit dem Widerspruch eines Arbeitnehmers keine Vorteile für diesen verbunden, da die übertragende Gesellschaft per definitionem erlischt.[188] Der Arbeitnehmer kann zwar auch in dem Fall widersprechen, diesem droht aber seitens des "alten" Arbeitgebers eine Kündigung aus betriebsbedingten Gründen, da der Arbeitnehmer nicht weiter beschäftigt werden kann (§ 1 Abs. 2 S. 1 KSchG).[189] Bei der Abspaltung hat der Widerspruch zur Folge, daß der Arbeitnehmer

---

184 Hierzu Ganske, DB 1991, 791, 795.

185 Fitting/Auffarth/Kaiser/Heither, BetrVG, § 1 Rdnr. 70g.

186 Fitting/Auffarth/Kaiser/Heither, BetrVG, § 1 Rdnr. 70g, und § 106 Rdnr. 24a; Engels, DB 1991, 966.

187 Vgl. die Begründung zum SpTrUG in BR-Drucks. 71/91, S. 19; siehe auch Weimar/Alfes, DtZ 1991, 1830; Mayer, DB 1991, 1609, 1612; a.A. Oetker/Busche, NZA 1991, Beil. 1, S. 19, 21.

188 Siehe hierzu Weimar/Alfes, ZIP 1991, 1529, 1533.

189 Mayer, DB 1991, 1609, 1612; Belling/Müsgen, NZA 1991, Beil. 1, S. 7, 17.

weiterhin beim "alten" Arbeitgeber beschäftigt wird. Das Arbeitsverhältnis geht in diesem Fall nicht über.[190]

In letzter Zeit haben sich die Meinungen vermehrt, die eine Anwendung des § 613a BGB auf die Spaltung im Rahmen der Treuhandanstalt grundsätzlich ablehnen wollen.[191] Diese heben insbesondere hervor, daß die Spaltung im Rahmen einer Privatisierung mit einem "normalen" Betriebsübergang nicht vergleichbar sei.[192] Dieser Mindermeinung muß jedoch entgegengehalten werden, daß sie die Vorschrift des § 613a BGB nicht auf Grund rechtlicher Erwägungen, sondern aus Praktikabilitätsgründen, vor allem im Hinblick auf die desolate Wirtschaftslage der Betriebe, ablehnt.[193] Nach der hier vertretenen Auffassung liegt im Spaltungsplan ein Rechtsgeschäft. Insbesondere scheitert die Anwendung des § 613a BGB im vorliegenden Fall nicht an dem Argument Gesamtrechtsnachfolge. Auch wenn das Gesellschaftsvermögen durch partielle Gesamtrechtsnachfolge übergeht, findet § 613a BGB im Ergebnis aus drei Gründen Anwendung:

- Der Wille des Gesetzgebers, § 613a BGB gelten zu lassen ist eindeutig (§ 16 Abs. 1 SpTrUG).
- Letztendlich beruht der Übergang der Arbeitsverhältnisse doch auf einem Rechtsgeschäft, nämlich auf dem Spaltungsplan.
- Es ergibt durchaus einen Sinn, § 613a BGB gelten zu lassen, vor allem hinsichtlich der Widerspruchsmöglichkkeit bei der Abspaltung.[194]

---

190 So auch Mayer, DB 1991, 1609, 1612; Weimar/Alfes, BB 1991, Beil. 9, S. 16, 21. Anderer Auffassung sind Oetker/Busche, NZA 1991, Beil. 1, S. 19, 21. Diese gewähren dem Arbeitnehmer kein Widerspruchsrecht, sondern wollen diesem die Möglichkeit einer Feststellungsklage gegen die neu abgespaltenen Gesellschaften nach § 352 AktG analog geben. Voraussetzung hierfür ist allerdings, daß die Verteilung im Spaltungsplan nach § 2 Abs. 1 Nr. 10 SpTrUG nicht rechtmäßig erfolgte. Dem folgend Marsch-Barner, DWiR 1991, 89, 94. Zum Meinungsstreit vgl. Ising/Thiell, DB 1991, 2082, 2083.

191 U.a. Adomeit/Eiden/Schalck, AuA 1991, 5; Oetker/Busche, NZA 1991, Beil. 1, S. 18, 19 f.

192 Adomeit/Eiden/Schalck, AuA 1991, 5. Diese erklären hierzu, die systemändernde Privatisierung sei etwas substantiell Anderes als eine Summierung von Betriebsübergängen. § 613a BGB "passe" nicht auf Inhaberwechsel im privatrechtlichen System.

193 So schreiben Adomeit/Eiden/Schalck, a.a.O., "Die genannten Rechtsgrundsätze sind unseres Erachtens unentbehrlich für das Gelingen der Wiedervereinigung im wirtschaftlichen und sozialen Bereich, soll nicht der Osten der Bundesrepublik eine Art "mezzogiorno" werden."

194 Ising/Thiell, DB 1991, 2082.

Im Ergebnis wird man eine grundsätzliche Anwendung des § 613a BgB bejahen müssen. Aus denselben Gründen wie beim Arbeitnehmerschutz im Rahmen der Spaltung außerhalb der Treuhandtätigkeit ist die entsprechende Anwendung der Grundsätze des BAG zum Widerspruchsrecht abzulehnen (siehe unter A V).

Nach § 16 Abs. 2 SpTrUG findet § 613a BGB bis zum 31.12.1992 auf Betriebsübertragungen im Gesamtvollstreckungsverfahren keine Anwendung.[195] Die Arbeitsverhältnisse gehen somit nicht kraft Gesetzes auf den neuen Arbeitgeber über. Der neue Betriebsinhaber haftet nicht gegenüber den Arbeitnehmern und erwirbt den Betrieb ohne den bisherigen Personalbestand.

2) Sozialpläne im Rahmen eines Spaltungsverfahrens nach SpTrUG[196]

a) Vorliegen einer Betriebsänderung

Der Betriebsübergang ist als solcher keine Betriebsänderung, da gemäß § 613a Abs. 1 BGB der neue Arbeitgeber in die bestehenden Arbeitsverhältnisse eintritt.[197] Der Wechsel des Arbeitgebers allein ist keine Betriebsänderung und somit nicht Gegenstand eines Interessenausgleichs oder Sozialplans.[198] Die Unternehmensspaltung allein ist ebenfalls noch keine Betriebsänderung. Sie führt nicht zwingend zur Spaltung des Betriebs. Es müssen die besonderen Voraussetzungen des § 111 S. 2 Nr. 1 bis 5 BetrVG hinzutreten. Dies ergibt sich auch aus dem Wortlaut des § 13 Abs. 1 S. 1 SpTrUG. Relevant ist, ob trotz der Spaltung der übertragenden Gesellschaft weiterhin von der Einheit des bisherigen Betriebs ausgegangen werden kann. Eine Betriebsänderung wird vor allem dann vorliegen, wenn gemäß § 111 S. 2 Nr. 1 BetrVG ein Betrieb teilweise oder ganz stillgelegt wird, z.B. weil ein Übergang auf eine

---

195 Siehe hierzu Hohmeister, BB 1992, 285, 290; Weimar/Alfes, DB 1991, 1830 f.; Kübler, in: Hommelhoff, Treuhandunternehmen im Umbruch, S. 79, 88 f.; Belling/Müsgen, NZA 1991, Beil. 1, S. 7, 18.

196 Zu den sonstigen betriebsverfassungsrechtlichen Aspekten im Rahmen der Privatisierung durch die Treuhandanstalt, insbesondere § 13 SpTrUG, vgl. den ausführlichen Aufsatz von Engels, DB 1991, 966 ff.; siehe auch Trümner in DKKS, BetrVG, § 1 Rdnr. 127.

197 BAG AP Nr. 14 zu § 613a BGB.

198 BAG AP Nr. 6, 8, 19 zu § 111 BetrVG 1972; BAG ZIP 1987, 1068 = DB 1987, 1842; hierzu Fitting/Auffarth/Kaiser/Heither, BetrVG, § 111 Rdnr. 12.

Nachfolgegesellschaft wegen der wirtschaftlichen Schwäche des Betriebs nicht geboten erscheint. Eine Betriebsänderung liegt auch bei Entlassung einer größeren Anzahl von Arbeitnehmern vor. Dasselbe gilt, wenn nach Betriebsübergang der neue Arbeitgeber Betriebsänderungen durchführen will und unter anderem aus Rationalisierungsgründen die Belegschaft verkleinert.[199] Besteht die Betriebsänderung lediglich in einem Personalabbau, ist die Vorschrift des § 112a BetrVG zu beachten.

b) Interessenausgleich und Sozialplan

Ist der Betriebsrat mit der Betriebsänderung nicht einverstanden, wird mit dem Arbeitgeber zunächst über einen Interessenausgleich verhandelt. Der Arbeitgeber hat im Rahmen des § 111 S. 1 BetrVG eine weitgehende Unterrichtungs- und Verhandlungspflicht. Unabhängig davon, ob der Arbeitgeber auf Grund eines Interessenausgleichs mit dem Betriebsrat oder ohne eine solche Einigung die Änderung durchführt, besteht mit den Einschränkungen nach § 112a BetrVG ein erzwingbares Mitbestimmungsrecht des Betriebsrats auf Aufstellung eines Sozialplans, auch noch nach Durchführung der Betriebsänderung.[200]

---

199 Fitting/Auffarth/Kaiser/Heither, BetrVG, § 111 Rdnr. 12a.

200 BAG AP Nr. 5 zu § 111 BetrVG; Fitting/Auffarth/Kaiser/Heither, §§ 112, 112a, BetrVG, Rdnr.16; im Rahmen des SpTrUG schlagen Adomeit/Eiden/Schalck, AuA 1991, 5, vor, die Sozialplanpflicht gänzlich entfallen zu lassen. Danach soll der Erwerb durch Private als Neugründung zu verstehen sein. Gemäß § 112a Abs. 2 S. 1 BetrVG seien die Betriebe dann in den ersten vier Jahren von der Sozialplanpflicht befreit. Dies könne das Interesse potentieller Übernehmer stärken; gegen diese Auffassung Belling/Müsgen, NZA 1991, Beil. 1, S. 7, 9. Diese halten § 112a Abs. 2 S. 1 BetrVG nur dann für anwendbar, wenn es sich um eine echte wirtschaftliche Neugründung handele. Eine bloß rechtliche Neugründung im Zusammenhang mit einer Umstrukturierung reiche nicht aus; vgl. hierzu BT-Drucks. 12/254, S. 16, Beschlußempfehlung und Bericht des Rechtsauschusses zu dem Entwurf eines Gesetzes über die Spaltung der von der Treuhand verwalteten Unternehmen. Hierbei wird deutlich, daß der Gesetzgeber keine Anwendung des § 112a Abs. 2 S. 1 BetrVG auf solche Fälle intendierte; im Ergebnis auch die Anwendung des § 112 a Abs. 2 S. 1 BetrVG verneinend Oetker/Busche, NZA 1991, Beil. 1, S. 18, 25 f. Dem ist zuzustimmen. Der Erwerb der Aktien an Private kann nicht als Neugründung i.S.v. § 112a Abs. 2 S. 1 BetrVG angesehen werden. Es handelt sich dabei lediglich um einen Verkauf der Anteile. Es ist aber einzuräumen, daß die Geltung des § 112a Abs. 2 S. 1 BetrVG die Veräußerung der einzelnen Gesellschaften erheblich erleichtern würde.

c) Problemstellung

Es stellt sich die Frage, ob die Erfüllung von Sozialplänen durch die Spaltung beeinträchtigt werden kann.[201] § 111 Abs. 1 BetrVG besagt, daß der Betriebsrat rechtzeitig und umfassend zu unterrichten ist. Dies bedeutet, daß vor dem Vollzug der Spaltung der Betriebsrat verständigt werden muß. Wann allerdings der Sozialplan abgeschlossen werden muß, ist im Gesetz nicht festgelegt (vergleiche § 112 BetrVG). Es bestehen zwei Möglichkeiten:[202]

aa) Abschluß des Sozialplans vor der Spaltung

Vereinbarungspartner sind hier der Vorstand der übertragenden Aktiengesellschaft und der Betriebsrat des betreffenden Betriebes. Wird der Sozialplan vor der Spaltung abgeschlossen, ist Bezugspunkt für die wirtschaftliche Vertretbarkeit die Leistungsfähigkeit des noch nicht gespaltenen Unternehmens. Nach der Aufspaltung oder Abspaltung der ursprünglichen Gesellschaft haften alle Nachfolgegesellschaften gesamtschuldnerisch für die vor Spaltungsvollzug eingegangenen Verbindlichkeiten der übertragenden Gesellschaft. Gemäß § 11 Abs. 1 SpTrUG werden die Arbeitnehmer in dem Fall "Altgläubigern" gleichgesetzt.

bb) Abschluß des Sozialplans nach Spaltungsvollzug

Vereinbarungspartner sind im Falle einer Aufspaltung der neue Arbeitgeber (vertreten durch den Vorstand) der den Betrieb übernehmenden Nachfolgegesellschaft und gemäß § 13 Abs. 1 S. 1 und 2 SpTrUG der "alte" Betriebsrat, solange kein neuer gewählt wird. Spätestens 3 Monate nach Spaltungsvollzug endet die Tätigkeit des "alten" Betriebsrats. Falls die Verhandlungen immer noch nicht abgeschlossen sind, ist der neue Betriebsrat zuständig. Bei einer Abspaltung ist nicht davon auszugehen, daß der Vorstand der noch bestehenden übertragenden Gesellschaft nach Spaltungsvollzug weiter verhandelt. Da es sich um Verbindlichkeiten der Nachfolgegesellschaft handelt (siehe unten), ist grundsätzlich nur der neue Vorstand für den Abschluß des Sozialplans zuständig. Nach der Rechtsprechung des Bundesarbeitsgerichts kann der frühere Betriebsrat vom früheren Arbeitgeber aller Arbeitnehmer jedoch Verhandlungen über die Aufstellung eines Sozialplanes verlangen und

---

201 Zur Erzwingbarkeit von Sozialplänen siehe Oetker/Busche, NZA 1991, Beil 1, S. 18, 25 f.

202 Siehe zu dieser Problematik Weimar/Alfes, ZIP 1991, 1529, 1531.

notfalls den Spruch der Einigungsstelle herbeiführen.[203] Auch hat das Bundesarbeitsgericht zur Sicherung der Beteiligungsrechte in Fällen der Betriebsänderung dem bisher bestehenden Betriebsrat ein Restmandat zuerkannt. Bei einer Aufspaltung eines einheitlichen Betriebs in zwei selbständige Betriebe wird somit dem bestehenden Betriebsrat ein Restmandat bis zum wirksamen Zustandekommen eines Sozialplanes bzw. bis zur rechtskräftigen Ablehnung der Verpflichtung zur Aufstellung des Sozialplanes zugestanden.[204] Geschieht der Spaltungsvollzug während der Verhandlungen über den Sozialplan, sind die Rechtsfolgen andere als im oben genannten Fall (unter aa). Die Betriebsänderung wird i.d.R. auch abgeschlossen sein. Die Ansprüche entstehen dann mit dem Zustandekommen des Sozialplans.[205] Hier kommt es auf die Leistungsfähigkeit der jeweiligen Nachfolgegesellschaft an. Daraus könnte sich eine erhebliche Gefahr für die Arbeitnehmer ergeben. Die Frage ist, ob im konkreten Fall eine Nachfolgegesellschaft, die für Verbindlichkeiten aus einem Sozialplan einzustehen hat, auch in der Lage ist, die sich daraus ergebenden Verpflichtungen zu erfüllen.

Das sich stellende Problem der Haftung für Sozialplanansprüche im Rahmen einer Spaltung ist eng mit den Problemen des Gläubigerschutzes verknüpft. Auch hier stellt sich die Frage, wie die Gläubiger vor einer Abwälzung der Schulden auf eine bestimmte Nachfolgegesellschaft geschützt werden können. Die Arbeitnehmer müssen davor geschützt werden, daß die im Sozialplan festgelegten Ansprüche nicht mehr, als Folge einer solchen "Schuldabwälzung" auf bestimmte Nachfolgegesellschaften, erfüllt werden können. Es ist denkbar, daß eine Nachfolgegesellschaft im Rahmen des Spaltungsverfahrens mit den unrentablen Betriebsteilen der Gesellschaft bestückt wird und somit - noch unter Einhaltung der Gründungsvorschriften - finanziell sehr viel schlechter darsteht als die anderen Nachfolgegesellschaften.[206] Auch ist es vorstellbar, daß die nach Spaltungsvollzug durch den Sozialplan begründeten Forderungen einen die Kapazitäten der Nachfolgegesellshaft übersteigenden Umfang

---

203 BAG, Urt. v. 16.6.1987, ZIP 1987, 1068 f.

204 BAG, Beschluß v. 16.6.1987, SAE 1989, 214 ff.; vgl. hierzu Umnuß, Organisation der Betriebsverfassung und Unternehmerautonomie, S. 160 f.

205 Hierzu Fitting/Auffarth/Kaiser/Heither, BetrVG, §§ 112, 112a Rdnr. 28; Hansen, NZA 1985, 609, 611.

206 Weimar/Alfes, ZIP 1991, 1529, 1532.

erreichen. In dem Fall müßte die Nachfolgegesellschaft unter Umständen sogar Konkurs anmelden. Da § 11 Abs. 1 SpTrUG nur auf Verbindlichkeiten Anwendung findet, die vor dem Spaltungsvollzug, d.h. vor Eintragung des Spaltungsbeschlusses in das Handelsregister begründet wurden, haftet für später begründete Verbindlichkeiten jede einzelne Nachfolgegesellschaft selbst. Eine gesamtschuldnerische Haftung besteht in dem Fall nicht. Falls nun der Sozialplan nach Spaltungsvollzug abgeschlossen wird, bedeutet dies unter Umständen eine Gefährdung der Arbeitnehmeransprüche. Die Frage ist, ob die Arbeitnehmer Gläubiger i.S. des § 11 Abs. 1 SpTrUG darstellen. Der Unterschied liegt eindeutig darin, daß letztere nach Spaltungsvollzug jederzeit Einsicht in das Handelsregister nehmen können und sich über die wirtschaftlichen Verhältnisse ein Bild machen können. Da die Arbeitnehmer in der Regel schon länger in dem Betrieb beschäftigt sein werden (also schon vor Spaltungsvollzug), ist das Nutzen des Einsichtsrechts sehr gering.[207] Die Gefahr der Nichterfüllung von Verbindlichkeiten, die nach Spaltungsvollzug eingegangen wurden, trifft somit die Arbeitnehmer wesentlich härter. Der umfassendste Schutz für die Arbeitnehmer wäre der gesetzliche Zwang, den Sozialplan vor dem Spaltunsvollzug abzuschließen. Dann wäre eine gesamtschuldnerische Haftung der Nachfolgegesellschaft zwingend gewahrt. Dies ist und bleibt aber ein theoretischer Gedanke: unter Umständen würde sich bei einer solchen Lösung der ohnehin sehr langwierige Spaltungsvorgang noch verzögern, mit der Folge, daß das meistens wirtschaftlich sehr schwache Unternehmen Konkurs anmelden müßte. Im Endeffekt wäre den Arbeitnehmern damit nicht gedient. Eine andere Lösung des Problems läge in der Annahme, die Verbindlichkeiten aus dem Sozialplan seien schon bei Eingehen der Arbeitsverhältnisse entstanden, auch wenn der Sozialplan erst nach Spaltungsvollzug abgeschlossen wurde. Zum Vergleich sei auf eine ähnliche Problematik hingewiesen: Das Bundesarbeitsgericht hat bis vor kurzem eine Haftung des OHG-Gesellschafters für Dauerschuldverhältnisse wie Arbeitsverträge auch nach dessen Ausscheiden unbegrenzt angenommen.[208] Die Forderung sei eben schon mit Setzen des Rechtsgrundes begründet worden, also bei Abschluß des Arbeitsvertrags. Dieser Auffassung ist jedoch entgegenzusetzen, daß sich der ausgeschiedene Gesellschafter

---

207 Vgl. hierzu auch Weimar/Alfes, ZIP 1991, 1529, 1533.

208 Vgl. BAG, Urt. v. 21.7.1977, NJW 1978, 391. Diese Rechtsprechung hat das BAG nun geändert. Hierzu BAG vom 28.11.1989, BB 1990, 1067.

kaum mehr von früheren Verbindlichkeiten lösen kann. Die einzige Lösung liegt somit darin, den Sozialplan vor Spaltungsvollzug abzuschließen, auch wenn Probleme hiermit verbunden sind.

VII) Unterschiede zwischen der Spaltung zwecks Privatisierung und der "herkömmlichen" Spaltung - Besonderheiten der Privatisierung

1) Rolle der Hauptversammlung und des Vorstandes

Die Hauptversammlung verliert angesichts der 100%igen Beteiligung des Staates über die Treuhandanstalt ihre zentrale Funktion. Auch entfallen die Pflichten zum Spaltungsbericht und zur Spaltungsprüfung, wenn hierauf seitens der Treuhandanstalt verzichtet wird. Da diese in erster Hinsicht den Schutz einer bestehenden Aktionärsminderheit garantieren sollen, besteht wegen der nur staatlichen Beteiligung hierfür kein Bedürfnis. Angesichts der Tatsache, daß sich alle Anteile an den in Kapitalgesellschaften umgewandelten ehemaligen Ost-Betrieben in der Hand der Treuhandanstalt befinden, stellt sich die Frage, ob die Beteiligung der Hauptversammlung in der vorliegenden Konstellation überhaupt noch eine Rolle spielt. In der Rechtspraxis wird die öffentliche Hand im Rahmen einer Kapitalgesellschaft einer Privatperson gleichgesetzt.[209] Die öffentliche Hand unterliegt somit dem Aktiengesetz, soweit keine abweichende Regelung im SpTrUG besteht. Als Inhaberin der Anteile an den zu spaltenden Gesellschaften stehen ihr in dieser Eigenschaft die im AktG vorgesehenen Mitwirkungs- und Kontrollrechte zu. Es können sich aber Differenzen im Hinblick auf die Praxis bei der Treuhandanstalt ergeben, da unter diesen einmaligen Umständen alle Anteile sich in staatlicher Hand befinden. Die Treuhandanstalt ist entweder unmittelbar oder mittelbar an den zu privatisierenden Gesellschaften zu 100% beteiligt.[210] So ist z.B. möglich, daß die Treuhandanstalt zu 100%

---

209 Vgl. BGHZ 69, 334, 340; NJW 1978, 104; Weimar, DtZ 1991, 105, 107.

210 Heymann, BuW 1991, 230, 231; Ganske, DB 1991, 791, 792; vgl. ferner Wissenbach, WR 1991, 191 ff.; siehe auch BR-Drucks. 71/91 vom 08.02.1991, Gesetzentwurf der Bundesregierung, Entwurf eines Gesetzes über die Spaltung der von der Treuhandanstalt verwalteten Unternehmen, S. 21.

an einer umgewandelten Kombinats-AG beteiligt ist, diese wiederum zu 100% an einer zu spaltenden Gesellschaft. Es können sich somit auch Vereinfachungen ergeben, vor allem im Vergleich zu Hauptversammlungsbeschlüssen von Aktiengesellschaften, an denen nur Private beteiligt sind. Es stellen sich vor allem keine Sperrminoritätenprobleme. Aus diesen Gründen sind die Vorschriften zur Hauptversammlung im SpTrUG sehr knapp bemessen.

Wenn aber auch im Ergebnis immer die Treuhandanstalt, mittelbar oder unmittelbar beteiligt ist, so stellt sich die Frage, ob im Falle einer nur mittelbaren Beteiligung die Rechtsfolgen denen unmittelbarer Beteiligung gleichstehen. Zu berücksichtigen ist, daß der Vorstand einer durch Umwandlung entstandenen Aktiengesellschaft gemäß § 76 Abs. 1 AktG grundsätzlich selbständig zu handeln hat. Der Vorstand ist an die Unternehmensinteressen gebunden.[211] Die Treuhandandstalt darf aus seiner Stellung als Anteilseignerin nach aktienrechtlichen Grundsätzen keine Weisungen an den Vorstand erteilen.[212]

Würde die Treuhandanstalt ein Unternehmen i.S. der §§ 15 ff. AktG darstellen, könnte das Recht der verbundenen Unternehmen Anwendung finden. Die Nachfolgegesellschaften müßten in diesem Fall nach § 17 Abs. 1 AktG von der Treuhandanstalt abhängig und im Falle eines Konzerns gemäß § 18 Abs. 1 AktG einer einheitlichen Leitungsmacht unterworfen sein.[213] Diese äußerst umfangreiche Problematik hat sich aber mit der Einführung des Art. 28a EGAktG erledigt und braucht somit nicht behandelt zu werden. Die Selbständigkeit der Vorstände der Nachfolgegesellschaften soll hier nur im Hinblick auf die Anteilseignerstellung der Treuhandanstalt untersucht werden.

---

211 Geßler, AktG, § 76 Rdnr. 4; Westermann, ZGR 1977, 219, 222 ff.; Henn, Handbuch des Aktienrechts, S. 241 f.; zum Begriff des Unternehmensinteresses siehe Mertens, ZGR 1977, 270, 275 ff.; Brinkmann, Die AG 1982, 122; zur Verantwortung des Vorstands gemäß § 76 Abs. 1 AktG vgl. Rittner, Festschrift für Geßler, S. 139 ff.; ders., Die AG 1973, 113. Dieser weist auf das Fehlen einer § 70 Abs. 1 des Aktiengesetzes von 1937 enstprechenden Richtlinienbestimmung hin. Daraus folgert er, daß eine "Gemeinwohlklausel" im heutigen Recht wegen fehlender Bestimmung im Aktiengesetz nicht bestehe. Maßgeblich für den Vorstand sei vor allem die spezifische Gemengelage aus den konkreten Unternehmenszielen.

212 Vgl. hierzu Kerber/Stechow, DWiR 1991, 49, 51; dies., DWiR 1992, 93, 94; Timm, ZIP 1991, 413, 424.

213 Ausführlich zu dieser Problematik Kerber/Stechow, DWiR 1991, 49, 50 f.

Gesetzt den Fall, daß eine Aktiengesellschaft A gespalten wird. Ein Teil der Aktien hält die Treuhandanstalt unmittelbar in ihrem Besitz, der restliche Teil steht im Eigentum einer anderen Aktiengesellschaft B, an der wiederum die Treuhandanstalt zu 100% beteiligt ist. Möglich ist, daß ein im Spaltungsplan vorgeschlagenes Beteiligungsverhältnis sich, falls dieses beteiligungsverändernd sein sollte, für die Aktiengesellschaft B nachteilig auswirkt. Der Vorstand dieser Aktiengesellschaft wäre hier gemäß § 76 Abs. 1 AktG verpflichtet, im Interesse seiner Gesellschaft gegen ein solches Beteiligungsverhältnis zu stimmen.
An diesem Beispiel zeigt sich, daß wegen der Selbständigkeit des Vorstands gegenüber den Weisungen der Aktionäre die Treuhandanstalt nicht identisch mit der Gesellschaft selbst ist. Dies ist eine Konsequenz der Umwandlung der ehemaligen Kombinate in privatrechtliche Aktiengesellschaften. Der Gesetzgeber hat sich aber anscheinend nur davon leiten lassen, daß im Endeffekt sowieso die öffentliche Hand alle Anteile besitzt. Dies kann jedoch, wie dies anhand des obigen Beispiels ersichtlich wurde, zu Kollisionen mit den Vorschriften des Aktienrechts führen. Rein rechtlich gesehen ist die Einhaltung der Vorschriften des Aktienrechts unumgänglich. Der Gesetzgeber hat sich nunmal für Gesellschaften in privatrechtlichen Formen entschieden. Hätte die Treuhandanstalt das volle Weisungsrecht gegenüber den Gesellschaften haben sollen, so hätte die Umwandlung der ehemaligen Kombinate und volkseigenen Betriebe erst nach Spaltungsvollzug erfolgen müssen. Indem sich der Gesetzgeber jedoch für den anderen Weg entschieden hat, müssen die privatrechtlichen Grundsätze, vor allem hinsichtlich der Geschäftsführungsautonomie des Vorstands, beachtet werden.

2) Gläubiger- und Arbeitnehmerschutz

Im Rahmen des Gläubiger- und Arbeitnehmerschutzes besteht aber kein Unterschied zu der Rechtslage bei rein privater Beteiligung.[214] Die Treuhandanstalt löst sich gänzlich von ihrer Stellung als frühere Aktionärin der privatisierten Gesellschaften.

---

214 Die sehr spezielle Problematik einer konzernrechtlichen Haftung - wenn eine solche überhaupt existiert - wird im Rahmen dieser Arbeit nicht behandelt. Siehe hierzu aber Weimar/Alfes, ZIP 1991, 1529, 1533; Weimar/Bartscher, ZIP 1991, 69 ff. Siehe auch Däubler in DKKS, BetrVG, §§ 112, 112a Rdnr. 115.

Die Möglichkeit einer konzernrechtlichen Haftung der Treuhandanstalt soll, wie schon angedeutet, ausgelassen werden.

C) Rechtslage nach zukünftigem Recht in Deutschland

Das Bundesministerium der Justiz veröffentlichte am 3.8.1988 den Diskussionsentwurf eines Gesetzes zur Bereinigung des Umwandlungsrechts. Darin ist die Spaltung in Form der Aufspaltung, Abspaltung und Ausgliederung in den §§ 138-232 DisE vorgesehen. Auf dem Diskussionsentwurf beruhend entstand am 15.4.1992 der Referentenentwurf des BMJ.[215] Die neuen Bestimmungen (§§ 123-172 RefE) werden zu den jeweiligen Vorschriften des Diskussionsentwurfs in Klammern genannt. Im Referentenentwurf werden Verbesserungsvorschläge aus dem rechtswissenschaftlichen Schrifttum berücksichtigt. Im wesentlichen enthält der Referentenentwurf jedoch die Ausführungen zum Diskussionsentwurf. In einigen Punkten, so vor allem hinsichtlich der Möglichkeit einer beteiligungsverändernden Spaltung und des Gläubigerschutzes, treten Abweichungen auf. Es handelt sich aber nur um Verfahrensfragen, nicht um Kernpunkte.

Angesichts der heute noch ungeregelten Rechtslage bei Spaltungen mußte sich das BMJ zu dem Diskussionsentwurf und später zu dem Referentenentwurf entschließen.[216] In anderen Ländern Europas ist die Spaltung von Unternehmen seit langem geregelt, so in Frankreich, Großbritannien und Nordirland.[217] In beiden Entwürfen des BMJ wurde die Sechste gesellschaftsrechtliche Richtlinie der Europäischen Gemeinschaften vom 17. Dezember 1986 betreffend die Spaltung von Aktiengesellschaften berücksichtigt.[218] Ferner diente das französische Recht als Vorbild.[219]

215 Vgl. zur Reform des Umwandlungsrechtes im allgemeinen Kallmeyer, DB 1993, 367.

216 Vgl. die Begründung des BMJ zum DisE, S. 9 f.

217 Begründung des BMJ zum DisE, S. 12.

218 Richtlinie 82/891/EWG - Amtsblatt der EG Nr. L 378 vom 31. Dezember 1986, S. 42 ff.; Begründung des BMJ, S. 13; Krieger, in: Lutter/Semmler, Rechtsgrundlagen freiheitlicher Unternehmenswirtschaft, S. 305, 311 f.

219 Vgl. Begründung des BMJ zum DisE, S. 119 f. und die Begründung zum RefE, S. 147 f.

Bislang war die EG-Richtlinie irrelevant, denn sie richtet sich nur an Mitgliedstaaten der Europäischen Gemeinschaften, die das Instrument der Spaltung von Aktiengesellschaften überhaupt gesetzlich zulassen. Wegen der zur Zeit der Erstellung dieser Arbeit zahlreich vorhandenen Veröffentlichungen zum Diskussionsentwurf wird letzterer vorrangig behandelt. Die wesentlichen Unterschiede zum Referentenentwurf werden jedoch ausdrücklich erläutert.

I) Arten von Spaltungen

Die Entwürfe kennen die Aufspaltung, die Abspaltung und die Ausgliederung. Jede Spaltungsart kann entweder zur Aufnahme oder zur Neugründung erfolgen. Während im ersten Fall die Nachfolgegesellschaften schon bestehen, müssen diese im letzteren neu gegründet werden. Ein Unternehmen überträgt in allen drei Konstellationen ohne Abwicklung einen Teil (so bei der Abspaltung und Ausgliederung) oder das gesamte (so bei der Aufspaltung) Gesellschaftsvermögen auf die neuen Gesellschaften im Wege der Gesamtrechtsnachfolge.

II) Verfahren im Rahmen der Spaltung nach dem Diskussions- und Referentenentwurf des BMJ

1) Verschiedene Stufen des Spaltungsverfahrens

Der Diskussionsentwurf des BMJ von 1988 war Grundlage für die Gestaltung des SpTrUG. Angesichts dieser Tatsache kann für die einzelnen Verfahrensabschnitte auf die Ausführungen zum SpTrUG verwiesen werden. Es sollen in erster Hinsicht die Differenzen und die besonderen Eigenschaften zum Diskussions- und Referentenentwurf hervorgehoben werden. Insbesondere die Ausgliederung ist ausführlich zu behandeln, da diese im SpTrUG nicht vorgesehen wurde.

a) Aufspaltung

aa) Aufspaltung zur Aufnahme

Hier wird das Gesellschaftsvermögen auf mindestens zwei schon bestehende Gesellschaften übertragen. Folgende Schritte sind erforderlich:

- Spaltungs- und Übernahmevertrag gemäß § 141 DisE (§ 126 RefE) zwischen der übertragenden Gesellschaft und den aufnehmenden Gesellschaften
- Spaltungsbericht nach § 142 DisE (§ 127 RefE)
- Spaltungsprüfung durch Sachverständige nach §§ 9 Abs. 1, 140 S. 1 DisE (§§ 125 S. 1, 9 Abs. 1 RefE).
- Anmeldung der Aufspaltung gemäß § 143 DisE (§ 129 RefE)
- Eintragung und Bekanntmachung der Aufspaltung nach § 144 DisE (§ 130 RefE).

bb) Aufspaltung zur Neugründung

Bei dieser Art der Aufspaltung müssen mindestens zwei neue Gesellschaften gegründet werden, um das Gesellschaftsvermögen aufzunehmen. Das Verfahren richtet sich im wesentlichen nach dem Verfahren der Aufspaltung zur Aufnahme. An die Stelle des Spaltungsvertrags tritt jedoch gemäß § 149 DisE (§ 134 RefE) der Spaltungsplan. Zusätzlich erforderlich ist nach § 150 DisE (§ 135 Abs. 1 RefE) die Anmeldung und Eintragung der neuen Gesellschaften in das Handelsregister. Gemäß § 155 i.V.m. §§ 62 ff. DisE (§ 125 S. 1 i.V.m. §§ 63 ff. RefE) ist die Mitwirkung der Hauptversammlung zwingend. Nach Vorbereitung (§ 64 DisE bzw. § 63 RefE) und Durchführung (§ 65 DisE bzw. § 64 RefE) der Hauptversammlung hat diese gemäß § 66 DisE (§ 65 RefE) den Beschluß der Aufspaltung zu fassen. Erforderlich sind mindestens drei Viertel des bei der Beschlußfassung vertretenen Grundkapitals. Im Falle der Aufspaltung zur Neugründung legt der Diskussionsentwurf in § 148 Abs. 2 S. 1 (§ 133 Abs. 2 RefE) fest, daß die allgemeinen Gründungsvorschriften anzuwenden sind. Gemäß § 155 i.V.m. § 80 Abs. 1 DisE muß die übertragende Gesellschaft bereits zwei Jahre im Handelsregister eingetragen sein. Dies entspricht der Regelung des § 353 Abs. 2, 3 AktG.[220] Hier hatte diese Vorschrift die Funktion, eine

220 Begründung des BMJ zum DisE, S. 85.

Umgehung der Nachgründungsvorschrift des § 52 AktG zu verhindern.[221] § 70 S. 1 DisE erklärt nun ausdrücklich, daß im Falle fehlender zweijähriger Eintragung, die Vorschriften über Nachgündung Anwendung finden. Der Referentenentwurf setzt in dieser Hinsicht noch strengere Maßstäbe: § 142 RefE verbietet die Spaltung von Aktiengesellschaften, die noch nicht zwei Jahre eingetragen sind. Der Gesetzgeber begründet dies mit der hohen Gefährdung der Gläubiger im Rahmen eines Spaltungsverfahrens.[222] Es erscheint aber sehr fraglich, ob dies zweckmäßig ist. Die zwingende Einhaltung der Nachgründungsvorschriften, wie dies der Diskussionsentwurf vorsah, bietet einen ausreichenden Schutz. Zu berücksichtigen ist, daß im Rahmen des Nachgründungsverfahren eine Nachgründungsprüfung durch einen gerichtlich bestellten Prüfer erfolgt (§ 52 Abs. 4 AktG). Das Gesetz verweist diesbezüglich auf die Vorschriften über die Gründungsprüfung (§ 52 Abs. 4 i.V.m. §§ 33 Abs. 3 bis 5, 34, 35 AktG). Der Gründungsprüfer hat insbesondere die Aufgabe festzustellen, ob der Wert des einzubringenden Vermögensgegenstandes die Höhe der dafür zu gewährenden Vergütung rechtfertigt oder im Rahmen einer Kapitalerhöhung der Wert der Sacheinlage den Nennbetrag der dafür zu gewährenden Aktien erreicht (§ 34 Abs. 1 AktG). Es kann durchaus die Konstellation entstehen, daß eine sehr "junge" Aktiengesellschaft einer Spaltung bedarf. Nach dem RefE wäre dies vor Ablauf einer zweijährigen Frist nicht möglich.

Bemerkenswert ist, daß es nach den Entwürfen nur einen einheitlichen "Spaltungsbeschluß" gibt, der das Verfahren im Gegensatz zur heutigen Rechtslage - mit ihren mindestens drei Beschlüssen (vergleiche A I) - erheblich erleichtert. Wichtig ist auch, daß das Vermögen nicht im Rahmen einer Einzelrechtsnachfolge, sondern im Wege der partiellen Gesamtrechtsnachfolge auf die nachfolgenden Gesellschaften übergeht.

b) Abspaltung

Das Verfahren ist parallel zu dem der Aufspaltung geregelt. Die übertragende Gesellschaft bleibt jedoch bestehen. Der "Abspaltungsbeschluß" erfolgt gemäß § 180

---

221 Geßler, AktG, § 353 Rdnrn. 4 ff.

222 Begründung des BMJ zum RefE, S. 183.

i.V.m. §§ 62 ff. DisE (§§ 125 S. 1, 65 RefE).[223] Bei der übertragenden Aktiengesellschaft wird eine Kapitalherabsetzung erforderlich sein, es sei denn die Vermögensübertragung erfolgt anhand von Reserven. Gemäß § 183 DisE (§ 146 S. 2 RefE) darf die Abspaltung in das Handelsregister erst eingetragen werden, wenn die Durchführung der Kapitalherabsetzung in das Handelsregister eingetragen wurde.

c) Ausgliederung

Auch hier ist das Verfahren parallel zur Aufspaltung geregelt. Gemäß § 204 Abs. 1 DisE entfällt jedoch die Pflicht zum Spaltungsbericht und zur Prüfung duch unabhängige Sachverständige nach §§ 9 bis 12 DisE, wenn der Wert der insgesamt zu übertragenden Vermögenstände abzüglich der zu übertragenden Verbindlichkeiten weniger als 10% des Überschusses der Aktivseite der Schlußbilanz über deren Passivseite oder weniger als 10% des Grundkapitals beträgt. Im Referentenentwurf hingegen findet bei einer Ausgliederung von vornherein nach § 125 S. 2 RefE keine Prüfung mit anschließendem Bericht durch Sachverständige statt. Letztere Lösung ist zu begrüßen, da im Falle der Ausgliederung die übertragende Gesellschaft selbst die Anteile an den Nachfolgegesellschaften erwirbt. Es besteht ein geringeres wirtschaftliches Risiko für Gläubiger und Aktionärsminderheiten.[224] Gemäß § 203 i.V.m. §§ 64 ff. DisE (§§ 157, 125 S. 1, 65 RefE) ist ein "Ausgliederungsbeschluß" erforderlich. Darüber hinaus wird im Schrifttum die Notwendigkeit einer satzungsmäßigen Ermächtigung diskutiert.[225] Die Entwürfe besagen nichts zum Erfordernis einer solchen satzungsmäßigen Ermächtigung. Insofern könnte auch hier fraglich sein, ob eine solche Ermächtigung in der Satzung der übertragenden Gesellschaft vorausgesetzt sein sollte.[226] Angesichts der Kenntnis der "Schöpfer" der

223 Kritisch hierzu Kallmeyer, DB 1989, 2009 f. Dieser will die Hauptversammlung nur an der Entscheidung beteiligen, wenn das ganze Vermögen übergeht. Der Diskussionsentwurf sei in dieser Hinsicht verfehlt. Argument hiergegen sei die weitgehende Lähmung des Vorstandes. Nur wenn eine Änderung der Unternehmensverfassung eintrete, sei die Hauptversammlung an der Entscheidung über die Abspaltung bzw. Ausgliederung zu beteiligen.

224 Vgl. Begründung des BMJ zum RefE, S. 155. Sehr kritisch hierzu Hommelhoff, ZGR 1993, 452, 455 f.

225 Zur heutigen Rechtslage bei der Ausgliederung siehe unter A III 4.

226 Bezüglich der Rechtslage de lege ferenda siehe Werner, Festschrift für Quack, S. 519, 521.

Entwürfe vom allgemeinen Mitwirkungsproblem der Hauptversammlung an den Entscheidungen des Vorstandes, ist davon auszugehen, daß eine satzungsmäßige Ermächtigung - wenn sich die Autoren dafür entschieden hätten - auch in den Entwürfen hätte festgelegt werden können und müssen. Es kann keine Gesetzeslücke angenommen werden, wenn sich der Gesetzgeber eindeutig für eine Möglichkeit, hier im vorliegenden Fall ein Spaltungsbeschluß nach § 203 i.V.m. § 66 DisE (§§ 157, 125 S. 1, 65 RefE) mit erforderlicher Dreiviertelmehrheit, entschieden hat.[227] Im Ergebnis verlangt die Ausgliederung keine satzungsmäßige Ermächtigung, da die Entwürfe insofern abschließend sind.

Bei kleineren Ausgliederungen erlauben es die Entwürfe sogar, unter bestimmten Voraussetzungen die Hauptversammlung von der Entscheidung hierüber auszunehmen. Nach dem Diskussionsentwurf ist gemäß § 204 Abs. 1 S. 1 ein Ausgliederungsbeschluß entbehrlich, wenn der Wert der insgesamt zu übertragenden Vermögensgegenstände der übertragenden Aktiengesellschaft abzüglich der zu übertragenden Verbindlichkeiten weniger als 10% des Überschusses der Aktivseite der Schlußbilanz über deren Passivseite oder weniger als 10% des Grundkapitals beträgt.[228] Dies bedeutet, daß der Vorstand unter Umständen eine Ausgliederung allein vornehmen kann.[229] Der Referentenentwurf weicht in § 141 von dieser Regelung ab: Hiernach sind die Vorschriften über die Ausgliederung nur anzuwenden, wenn Aktionäre, deren Anteile zusammen mindestens den zwanzigsten Teil - also 5% - des Grundkapitals erreichen, dies schriftlich verlangen. Die Regelung des Referentenentwurfs ist restriktiver als diejenige des Diskussionsentwurfs. Zu erwarten ist, daß die erforderliche Aktionärsminderheit auf einem Ausgliederungsbeschluß bestehen wird. Die als positiv zu bewertende Autonomie des Vorstandes nach dem Diskussionsentwurf ist somit nicht in den Referentenentwurf übernommen worden. Gemäß § 203 i.V.m. § 183 DisE (§ 146 S. 2 RefE) darf die Eintragung der Ausgliederung erst erfolgen, wenn die Durchführung der Kapitalherabsetzung - falls eine solche erforderlich sein sollte - in das Handelsregister eingetragen wurde.

---

227 Die gegenteilige Meinung wird ebenfalls vertreten, vgl. Werner, a.a.O., S. 521 f.; Hirte, Die AG 1990, 373 f.

228 Vgl. Lutter, ZGR 1990, 392, 402. Dieser würde diese Grenze höher festsetzen. Siehe auch Werner, Festschrift für Quack, 1991, S. 518, 539 ff.

229 Priester, ZGR 1990, 420, 434 f.

Die Entwürfe setzen gemäß §§ 9 Abs. 1, 140 S. 1, 169 S. 1, 195 S. 1 DisE (§§ 125 S. 1, 9 RefE allerdings nur für Auf- und Abspaltung) für alle Spaltungsarten eine Spaltungsprüfung durch unabhängige Sachverständige voraus. Der nach § 12 Abs. 1 DisE (§ 12 RefE) erforderliche Prüfungsbericht ist den Aktionären gemäß § 64 Abs. 1 Nr. 4 DisE (§ 63 Abs. 1 Nr. 4 RefE) bekanntzugeben.[230] Im Gegensatz zur Spaltungsprüfung im Rahmen des SpTrUG spielt hier außer der Bewertung der Aktiva und Passiva auch die Überprüfung des vorgeschlagenen Umtauschverhältnisses eine wichtige Rolle.[231] Die Vorschrift des § 12 DisE (§ 12 RefE) über den anschließenden Prüfungsbericht hebt die Bedeutung der Prüfung des Umtauschverhältnisses besonders hervor. Es dient in erster Hinsicht einer Minderheit von Aktionären, wie bei einer überwiegenden staatlichen Beteiligung. Bezüglich der Haftung im Falle einer nicht ordnungsgemäßen Prüfung durch die Sachverständigen wird auf die Ausführung zum SpTrUG verwiesen. Die Vorschriften §§ 9 Abs. 1, 140 S. 1, 169 S. 1, 195 S. 1 DisE (§§ 125 S. 1, 9 RefE) sind aus denselben Gründen wie im Rahmen des SpTrUG keine Schutzgesetze i.S.v. § 823 Abs. 2 BGB. § 11 Abs. 2 DisE (§ 11 Abs. 2 RefE) verweist aber auf die Vorschrift des § 323 HGB. Hier werden nur Ansprüche der Gesellschaft selbst gegen die Sachverständigen geregelt. Ein Anspruch Dritter kann sich daraus nicht ergeben. Schutzgesetze im Sinne des § 823 Abs. 2 BGB sind nur §§ 332, 333 HGB.[232] Die Entwürfe verweisen jedoch nicht auf diese Vorschriften. Ein Anspruch ergibt sich aber aus den Grundsätzen des Vertrags mit Schutzwirkung zugunsten Dritter (vgl. die Ausführungen im Rahmen des § 5 Abs. 1 SpTrUG unter B IV 1 f). Im Gegensatz zur Rechtslage nach dem SpTrUG können nicht nur die Gläubiger Ansprüche gegen die Sachverständigen haben, sondern auch die Aktionäre selbst. Letzteres wird insbesondere dann der Fall sein, wenn die Umtauschverhältnisse unsachgemäß überprüft wurden und z.B. eine Minderheit von privaten Aktionären einen Wertverlust der Anteile einbüßt. Die Aktionäre gehören aber - wie die Gläubiger - zu dem Kreis der in beiden Entwürfen geschützten Personen. Dies war für die Sachverständigen auch erkennbar, so daß ein Anspruch aus Vertragsverletzung mit Schutzwirkung zugunsten Dritter zu bejahen sein wird.

---

230 Ausführlich zur Spaltungsprüfung Priester, ZGR 1990, 420, 428 ff.

231 Siehe hierzu Priester, ZGR 1990, 420, 430.

232 OLG Karlsruhe, WM 1985, 944; Heymann/Herrmann, HGB, § 323 Rdnr. 7 f.; Baumbach-Duden-Hopt, HGB, § 323 2 B.

2) Übergang des Gesellschaftsvermögens auf die Nachfolgegesellschaften

Das Gesellschaftsvermögen geht durch eine "partielle" Gesamtrechtsnachfolge (auch "Teil-Gesamtrechtsnachfolge" genannt) - wie im Rahmen des SpTrUG - auf die Nachfolgegesellschaften über.[233] Wie in §§ 138 Abs. 1, 167 Abs. 1, 193 Abs. 1 i.V.m. §§ 145 Abs. 1 Nr. 1, 172 Abs. 1 Nr. 1, 198 Abs. 1 Nr. 1 DisE (§§ 123, 131 Abs. 1 Nr. 1 RefE) bestimmt, wird der betreffende Vermögensteil als Gesamtheit auf die Nachfolgegesellschaften übertragen. Grundsätzlich standen dem Gesetzgeber zwei Möglichkeiten der Vermögensübertragung zur Verfügung:
- Identitätswahrung der übertragenden Gesellschaft durch Umwandlung, wie dies bei §§ 362 ff. AktG der Fall ist.[234] Wegen der verbleibenden Identität der sich spaltenden Gesellschaft wäre dann die Übertragung des Vermögens entbehrlich.
- Übertragung des Vermögens durch Gesamtrechtsnachfolge.

Die identitätswahrende Umwandlung eignet sich wegen der zahlreichen Nachfolgegesellschaften im Rahmen einer Spaltung überhaupt nicht. Es würde zu einer Teilidentität der Nachfolgegesellschaften mit der übertragenden Gesellschaft führen. Darüber hinaus wäre die Verteilung und Zuordnung der Aktiva und Passiva unmöglich. Der Gesetzgeber hat sich somit für den zweiten Lösungsweg entschieden. Da aber die Gesamtrechtsnachfolge nach herrschender Ansicht die Rechtsnachfolge in das gesamte Vermögen voraussetzt (vergleiche § 1922 BGB)[235], liegt wegen der Verteilung des Vermögens auf die Nachfolgegesellschaften nur eine "partielle" Gesamtrechtsnachfolge vor.[236] Es erfolgt eine geteilte Zuweisung an verschiedene neue Rechtsträger. Wie dies am Beispiel des § 1922 BGB ersichtlich wird, ist dies im Rahmen einer Gesamtrechtsnachfolge nicht zulässig. Im Erbrecht geht bei einer Mehrheit der Erben das Vermögen gemäß § 2032 Abs. 1 BGB auf die Miterbenge-

---

233 Sehr ausführlich hierzu K. Schmidt, AcP 191 (1991), 495, 510; vgl. auch Hennrichs, Die AG 1993, 508 ff.; Teichmann, ZGR 1993, 396, 398 ff.

234 Zu der identitätswahrenden Umwandlung vgl. K. Schmidt, AcP 191 (1991), 495, 505 ff.

235 Zu § 1922 BGB siehe Staudinger/Marotzke, BGB, § 1922 Rdnrn. 44 ff.

236 Anderer Ansicht K. Schmidt, AcP 1991, 495, 500. Dieser vertritt die Auffassung, das Rechtsinsitut der Gesamtrechtsnachfolge setze einen ungeteilten Übergang des Gesamtvermögens nicht voraus.

meinschaft über. Auch ist zu beachten, daß im Rahmen der Abspaltung und Ausgliederung die übertragende Gesellschaft einen Teil ihres Vermögens behält. Die Gesamtrechtsnachfolge setzt aber gerade einen vollständigen Vermögensübergang voraus. Die Auswirkungen sind dieselben wie bei einer herkömmlichen Gesamtrechtsnachfolge. So bedarf es vor allem einer bloßen Grundbuchänderung bei dem Übergang des Grundstückeigentums.[237] Eine Eintragung im Grundbuch ist ausnahmsweise zum Eigentumsübergang nicht erforderlich. Ausreichend ist eine Grundbuchberichtigung, die jedoch nicht Voraussetzung für die Übertragung des Grundstückeigentums ist. Zu untersuchen ist das Verhältnis der allgemeinen zivilrechtlichen Regeln zum Vermögensübergang im Rahmen der Spaltung. Grundsätzlich finden letztere auch auf den Spaltungsvorgang Anwendung, wie aus den Bestimmungen der § 149 Nr. 9 DisE und § 126 Abs. 1 Nr. 9 i.V.m. Abs. 2 RefE hervorgeht.[238] In § 126 Abs. 2 RefE hat der Gesetzgeber diesen Grundsatz nun ausdrücklich verankert. Bedeutsam ist dies vor allem hinsichtlich der Trennung von Haupt- und Nebenrechten und des gesetzlichen oder rechtsgeschäftlichen Ausschlusses der Abtretung von Forderungen nach § 399 2. Alt. BGB.[239] § 126 Abs. 2 S. 2 RefE schließt die Geltung eines Abtretungsverbots bei einer Aufspaltung aus, da die übertragende Gesellschaft in dem Falle erlischt. Daraus ist zu entnehmen, daß § 399 2. Alt. BGB bei einer Abspaltung und Ausgliederung Anwendung findet. Im Falle eines Übergangs von Schuldverhältnissen im Rahmen der Gesamtrechtsnachfolge ist eine Vereinbarung mit den Gläubigern gemäß § 414 BGB entbehrlich. Hierauf hat die Vorschrift des § 126 Abs. 2 S. 1 RefE keinen Einfluß, da § 414 BGB in diesem Sinne keine allgemeine Vorschrift darstellt, die die Übertragbarkeit eines bestimmten Gegenstandes ausschließt oder an besondere Voraussetzungen knüpft. Es handelt sich nicht um die Übertragbarkeit einer Forderung, sondern um deren Übernahme durch einen neuen Schuldner. Für den Gläubiger entsteht wegen der gesamtschuldnerischen Haftung der Nachfolgegesellschaften kein zusätzliches Haftungsrisiko.

---

237 Larenz, Allgemeiner Teil, § 13 V b, S. 239 f.

238 Hierzu Begründung des BMJ zum DisE, S. 125 und zum RefE, S. 157 f., 162.

239 Vgl. Begründung des BMJ zum RefE, S. 162.

3) Beteiligungsverhältnisse im Rahmen des Spaltungsverfahrens

In der Regel erfolgt eine Spaltung beteiligungswahrend. Wie aus den Vorschriften der §§ 141 Nr. 10, 147, 170, 174 DisE (§§ 126 Abs. 1 Nr. 10, 128 S. 1 RefE) zu entnehmen ist, besteht die Möglichkeit einer ungleichartigen (beteiligungsändernden) Spaltung.[240] Die Frage ist hier, ob nicht die Gefahr besteht, daß sich eine 75%ige Mehrheit der restlichen Aktionäre dadurch "entledigen" kann, daß die Mehrheit alle Anteile an einer Nachfolgegesellschaft erwirbt und die restlichen Aktionäre Anteile an einer anderen Nachfolgegesellschaft übernehmen, die finanziell sehr viel schwächer ist. So könnte eine 75%ige Mehrheit die alleinige Herrschaft über eine zentrale Nachfolgegesellschaft erlangen. Problematisch ist insbesondere, daß auch die Art der Aufteilung von der Mehrheit der Aktionäre beschlossen wird. Gegen einen solchen Mißbrauch hatte das BMJ die Regelung des § 147 DisE entworfen.[241] Im Falle des Widerspruchs der betroffenen Minderheit müssen die übernehmenden Gesellschaften dieser den Erwerb der Anteile gegen eine angemessene Abfindung anbieten. Die übernehmenden Gesellschaften haften gesamtschuldnerisch. Den überstimmten Anteilsinhabern wird somit die Möglichkeit eröffnet, gegen eine Barabfindung, aus der sich spaltenden Aktiengesellschaft auszuscheiden. Vorzug einer Widerspruchsmöglichkeit i.S.v. § 147 DisE ist, daß diese im Gegensatz zu einer Anfechtungsklage den Ablauf des Spaltungsverfahrens nicht verzögert.
Im Referentenentwurf kann gemäß § 128 S. 1 eine beteiligungsverändernde Spaltung nur noch mit Zustimmung aller Aktionäre erfolgen. Nach Ansicht des Gesetzgebers reicht eine bloße Verweisung der gefährdeten Anteilsinhaber auf ein Austrittsrecht zu deren Schutz nicht aus, denn diese können durch Mehrheitsentscheidung aus dem Rechtsträger hinausgedrängt werden.[242] Dieses Argument ist zwar grundsätzlich

240 Vgl. Werner, Festschrift für Quack, S. 518, 531 f. Entschieden gegen eine solche beteiligungsverändernde Spaltung, Lutter, ZGR 1990, 392, 404 f. Dieser diskutiert sogar, ob die Abschaffung dieser Regelung in Einklang mit der Sechsten EG-Richtlinie zu bringen wäre. Zwar gestattet diese auch eine beteiligungsändernde Spaltung. Da aber die Abschaffung dieser Vorschriften die Gesellschaftsminderheit schütze, sei eine Abweichung von der EG-Richtlinie zulässig. Der nationale Gesetgeber dürfe den "Standard" gegenüber der Richtlinie jederzeit erhöhen.

241 Sehr ausführlich zur beteiligungsverändernden Verschmelzung und Spaltung Hoffmann-Becking, ZGR 1990, 482, 490 ff.

242 Begründung des BMJ zum RefE, S. 164 ff.

richtig, ein solcher Weg ist in der Praxis jedoch nicht gangbar. In den seltensten Fällen wird ein einstimmiger Beschluß erreichbar sein. Dies bedeutet, daß eine spaltungsverändernde Spaltung nur theoretisch existiert.[243]
Streitig ist, ob die Vorschriften über die verhältnisverändernde Spaltung auch im Falle der Ausgliederung gelten sollen.[244] Da aber bei einer Ausgliederung nicht die Aktionäre, sondern die übertragende Gesellschaft selbst die Anteile an den Nachfolgegesellschaften erwirbt, entfällt das Bedürfnis für die Anwendung dieser Vorschriften.[245]

4) Anfechtungsmöglichkeiten durch private Aktionäre

Laut Begründung des Diskussionsentwurfs sind weder die Ansichten der Literatur noch der Rechtsprechung hinsichtlich einer materiellen Kontrolle der Hauptversammlungsbeschlüsse übernommen worden.[246] Anscheinend wollte hier das BMJ die Anfechtungsmöglichkeiten reduzieren und vor allem einer unangemessenen Ausnutzung dieser Rechtsmittel vorbeugen.[247] Eine nach heutigem Recht mögliche Anfechtung des Hauptversammlungsbeschlusses zieht eine Verzögerung des Verfahrens nach sich.[248] Die Konsequenz daraus ist auch, daß das Vermögen nicht übergeht und die zu spaltenden Gesellschaften immer noch in ihrer ursprünglichen Form und in ihrem bisherigen Umfang weiterbestehen bleiben. Die Vorschriften über die Anfechtungsmöglichkeiten werden nur relevant, wenn Anteile an dem zu privatisierenden staatlichen Unternehmen sich in privater Hand befinden. Nach der im Rahmen

---

243 Vgl. hierzu auch den rechtsvergleichenden Teil der Arbeit unter 3. Teil, A III und B VI.

244 Siehe hierzu Werner, Festschrift für Quack, S. 518, 531 f. Dieser verneint dies mit der Begründung, § 196 DisE verweise nur auf § 141 Nr. 9, 10 und nicht auf § 147 DisE. Ohne diese Verweisung auf die Abfindungsregelung müsse eine verhältnisverändernde Ausgliederung von vornherein ausscheiden; ähnlich argumentierend Hoffmann-Becking, ZGR 1990, 482, 492 f.

245 Im Ergebnis übereinstimmend Hoffmann-Becking, ZGR 1990, 482, 492.

246 Begründung des BMJ zum DisE, zu § 13 Abs. 2, S. 41 f.

247 Laut Hirte, Die AG 1990, 373 ff., ist dies dem Gesetzgeber nicht gelungen. Die Gefahr der Anfechtung von Hauptversammlungsbeschlüssen mit ihren negativen Folgewirkungen sei nicht gebannt worden. Der Schutz der Minderheit sei im Diskussionsentwurf des BMJ zu sehr ausgedehnt worden.

248 Siehe unter 1. Teil, A III 1 b. Zu diesem Problem siehe auch Lutter, ZGR 1990, 392, 408 f.

dieser Arbeit vertretenen Definition des staatlichen Unternehmens ist dies ohne weiteres möglich.[249] Ist das Unternehmen allein in öffentlicher Hand, spielt die Anfechtungsmöglichkeit eine unbedeutende Rolle.
Die Vorschriften der § 14 i.V.m. §§ 140 S. 1, 169 S. 1, 195 S. 1 DisE (§ 125 S. 1 i.V.m. § 14 Abs. 2 RefE) schränken die Klagemöglichkeiten ein.[250] Eine entsprechende Regelung findet sich im heutigen Verschmelzungsrecht (siehe unter 1. Teil A III 6). Auch wenn dies ein besonderer Fall der Anfechtung regelt, ist dies ein beachtlicher Schritt für die Zügigkeit des Spaltungsverfahrens. § 14 Abs. 1 RefE legt sogar eine Frist von einem Monat fest und ist hier somit restriktiver als der Diskussionsentwurf. Nach den oben genannten Vorschriften kann eine Klage gegen einen Spaltungsbeschluß nicht darauf gestützt werden, daß das Umtauschverhältnis der Anteile zu niedrig bemessen sei oder daß die sonstigen Mitgliedschaftsrechte bei dem übernehmenden Unternehmen kein ausreichender Gegenwert für die Anteile oder die Mitgliedschaftsrechte bei dem übertragenden Unternehmen seien. Abgesehen von dem Spezialfall des § 14 DisE (§ 14 Abs. 2 RefE) kann jedoch wie üblich eine Anfechtungsklage gegen einen Spaltungsbeschluß erhoben werden.[251] Gemäß § 16 Abs. 2 DisE (§ 16 Abs. 2 RefE) hat der Vorstand vor Eintragung des Verschmelzungs- und Spaltungsbeschlusses zu erklären, daß keine Klage erhoben oder rechtskräftig abgewiesen wurde. Der Grund für diese Bestimmung liegt in der praktisch unmöglichen Rückabwicklung einer vollendeten Spaltung.[252] Auch wenn das Vermögen auf die ursprüngliche Gesellschaft zurückübertragen werden sollte, könnte nicht die genaue damalige Struktur wiederhergestellt werden. Ansonsten gelten die Regeln des Aktiengesetzes über die Anfechtung von Hauptversammlungsbeschlüssen. Da nach § 145 Abs. 1 DisE (§ 131 Abs. 1 RefE) die Eintragung des Spaltungsbeschlusses konstitutive Wirkung hat, ist denkbar, daß die Anfechtung des Spaltungsbeschlusses das gesamte Verfahren für längere Zeit stillegt. Voraussetzung hierfür ist, daß das Registergericht die Eintragung bis zum Ende des Rechtsstreits

---

249 Zur Definition des Begriffs "staatliches Unternehmen", siehe unter 1. Teil, A I 2.

250 Vgl. Hommelhoff, ZGR 1990, 447, 472 f.; Hoffmann-Becking, ZGR 1990, 482, 490 ff.; sehr kritisch zu den Auswirkungen der §§ 14, 15 DisE Wiesen, ZGR 1990, 503 ff.

251 Zu den Möglichkeiten der Kontrolle im Rahmen des Diskussionsentwurfs siehe Hommelhoff, ZGR 1990, 447 f.

252 Hierzu Hommelhoff, ZGR 1990, 447, 461 ff.

aussetzt. Im Ergebnis ergibt sich eine - wenn auch nur geringe - Verbesserung zum heutigen Recht (außerhalb der Treuhandanstalt). Eine Anfechtungsklage eines Aktionärs kann unter Umständen - nämlich bei Vorliegen eines anderen als in § 14 DisE bzw. § 14 Abs. 2 RefE genannten Anfechtungsgrundes - immer noch eine konstitutiv wirkende Eintragung verhindern mit der Folge, daß das Spaltungsverfahren für längere Zeit nicht vollzogen werden kann. Insofern wird auf die Ausführungen zu Spaltung nach heutigem Recht (außerhalb der Treuhandtätigkeit) verwiesen.

III) Gläubigerschutz

Gemäß §§ 140 S. 1, 169 S. 1, 195 S. 1 i.V.m. § 22 DisE (§§ 125 S. 1, 22 RefE) finden die Verschmelzungsvorschriften über den Gläubigerschutz auch auf das Spaltungsverfahren Anwendung. Danach ist den Gläubigern der beteiligten Unternehmen für noch nicht fällige Forderungen Sicherheit zu leisten, wenn diese sich in einem Zeitraum von sechs Monaten nach der Bekanntmachung der Eintragung des Spaltungsbeschlusses melden. Darüber hinaus gelten für die drei Spaltungsarten die besonderen Vorschriften der §§ 146 Abs. 1, 173 Abs. 1, 199 Abs. 1 DisE (§ 132 Abs. 1 RefE). Danach kann ein Gläubiger des übertragenden Unternehmens die anderen Nachfolgegesellschaften als Gesamtschuldner in Anspruch nehmen, wenn er von dem übernehmenden Unternehmen, dem die Verbindlichkeit im Spaltungsplan zugewiesen wurde, keine Befriedigung erlangt hat. Falls die übernehmende Gesellschaft ihre Gläubiger nicht zu befriedigen vermag, haften die anderen übernehmenden Gesellschaften als Gesamtschuldnerinnen.[253] Gemäß § 199 Abs. 1 S. 2 DisE ist bei der Ausgliederung auch das übertragende Unternehmen Gesamtschuldner. Gleiches gilt gemäß § 173 Abs. 1 S. 2 DisE für die Abspaltung. Um zu erfahren, welche Nachfolgegesellschaft die jeweilige Verbindlichkeit übernommen hat, werden gemäß § 141 Nr. 9 DisE (§ 126 Abs. 1 Nr. 9 RefE) im Spaltungsplan alle Verbindlichkeiten

253 Zum Gläubigerschutz im Rahmen der Vorschriften nach dem Diskussionsentwurf vgl. Hahn, GmbHR 1991, 242, 251, 254 f.; siehe auch Lutter, ZGR 1990, 392, 410 f. Zum Referentenentwurf siehe Heiss, DWiR 1993, 12, 17 f. Diese vergleicht auch den Gläubigerschutz des DisE und des RefE. Ebenso siehe Kleindiek, ZGR 1992, 513, 521 ff.; Hennrichs, Die AG 1993, 508, 512 f.; sehr ausführlich K. Schmidt, ZGR 1993, 366 ff.; Teichmann, ZGR 1993, 396, 416 ff.

mit der entsprechend übernehmenden Gesellschaft aufgelistet. Für nicht zugewiesene Verbindlichkeiten haften die Nachfolgegesellschaften gemäß § 145 Abs. 3 DisE gesamtschuldnerisch.[254] Eine hierzu entsprechende Vorschrift wäre auf Grund des § 132 Abs. 1 im Referentenentwurf überflüssig. Der Unterschied zum Referentenentwurf liegt darin, daß die gesamtschuldnerische Haftung der Nachfolgegesellschaften (im Falle der Abspaltung und Ausgliederung auch der übertragenden Aktiengesellschaft) erst subsidiär eintritt. Gemäß § 132 Abs. 1 RefE können sich die Gläubiger unmittelbar an die Gesamtschuldner halten. Somit entfällt ein notwendiger Zwangsvollstreckungsversuch gegenüber der jeweiligen Nachfolgegesellschaft, die die Verbindlichkeit nach dem Spaltungsplan übernommen hat. Angesichts des Zeitfaktors im Rahmen einer Zwangsvollstreckung ist die Regelung des Referentenentwurfs vorzuziehen. Dies bedeutet eine schnellere Befriedigung der Gläubiger und erspart die Kosten einer erfolglosen Zwangsvollstreckung.

Gemäß § 132 Abs. 1 S. 2 RefE bleiben die Vorschriften der §§ 25 bis 28 HGB unberührt. Grundsätzlich gilt jedoch § 25 HGB (siehe unter 1. Teil, A IV 3) nur bei einem Erwerb durch Einzelrechtsnachfolge.[255] Da die Entwürfe des BMJ eine - wenn auch nur partielle - Gesamtrechtsnachfolge vorsehen, findet § 25 HGB von vornherein keine Anwendung. Darüber hinaus ist hervorzuheben, daß ein auf § 25 HGB beruhender Schutz der Gläubiger wegen der gesamtschuldnerischen Haftung der Nachfolgegesellschaften entbehrlich ist.

IV) Arbeitnehmerschutz

Es ist ganz herrschende Auffassung, daß § 613a BGB grundsätzlich nur im Rahmen einer Einzelrechtsnachfolge, nicht jedoch bei einer Universalsukzession Anwendung

---

254 Siehe hierzu Hahn, GmbHR 1991, 242, 246; kritisch zu diesem Punkt K. Schmidt, ZGR 1990, 580, 599 f.

255 Heymann, HGB, § 25 Rdnr. 9, 11; Commandeur, Betriebs-, Firmen- und Vermögensübernahme, S. 186.

findet.[256] Grund hierfür ist, daß in diesem Fall die Arbeitsverhältnisse kraft Gesamtrechtsnachfolge auf den neuen Betriebsinhaber übergehen.

Artikel 2 des Elften Buches des Diskussionsentwurfs (Artikel 2 des siebenten Buches des Referentenentwurfs) bestimmt aber, daß § 613a Abs. 2 BGB durch Änderung des Abs. 3 nicht gelten soll, wenn die übertragende Gesellschaft erlischt, also im Falle der Aufspaltung. Daraus ist zu schließen, daß § 613a BGB auf das Spaltungsverfahren grundsätzlich Anwendung findet.[257] Hinsichtlich des dogmatischen Streits wird auf die Ausführungen zur Anwendung des § 613a BGB im Rahmen des SpTrUG verwiesen. Auch hier stellt sich das Problem der Zulässigkeit eines Widerspruchsrechts des Arbeitnehmers gegen den Übergang seines Arbeitsverhältnisses auf eine andere Gesellschaft. Falls man § 613a BGB im Rahmen der Spaltung anwendet, ist es konsequent, die Grundsätze des Bundesarbeitsgerichts zu dieser Vorschrift zu berücksichtigen. Dem Arbeitnehmer sollte somit auch ein Widerspruchsrecht zustehen.[258] Hinsichtlich der Entwicklungen des Widerspruchsrechts wird auf die Ausführungen zum Arbeitnehmerschutz im heutigen Recht verwiesen.

V) Unterschiede zwischen der Spaltung zwecks Privatisierung und der "herkömmlichen" Spaltung - Besonderheiten der Privatisierung

1) Rolle der Hauptversammlung

Wie auch nach heutigem Recht hängt die Bedeutung der Hauptversammlung von der prozentualen Beteiligung der öffentlichen Hand an der Aktiengesellschaft ab. Da der Spaltungsbeschluß eine Dreiviertelmehrheit der Aktionäre voraussetzt, liegt die entscheidende Grenze bei mehr als 75%iger Beteiligung des Staates. In dieser Fallkonstellation kann keine Sperrminorität privater Aktionäre mehr zustandekommen. Die

---

256 Staudinger/Richardi, BGB, § 613a Rdnrn. 69, 76; vgl. auch v. Hoyningen-Huene/Windbichler, RdA 1977, 329, 330; Hanau, ZGR 1990, 548, 553.

257 Siehe Begründung des BMJ zum DisE, Zu Artikel 2, S. 336. Vgl. zu dieser Problematik K. Schmidt, AcP 191 (1991), 495, 515.

258 So auch Hanau, Arbeitsrecht in Umwandlung und Fusion, ZGR 1990, 548, 556 f. Dieser argumentiert mit der verfassungsrechtlich garantierten freien Wahl des Arbeitsplatzes.

Grenze der 50%igen Beteiligung des Staates ist hier irrelevant, da der Spaltungsbeschluß - wie alle einschneidenden und grundlegenden Beschlüsse - einer Dreiviertelmehrheit bedarf. Gemäß § 128 S. 1 des Referentenentwurfs kann der Bechluß über eine beteiligungsverändernde Spaltung nur einstimmig gefaßt werden. Diese Regelung schützt eine Minderheit privater Aktionäre, die gegen den Willen der öffentlichen Hand als Mehrheitsaktionärin eine beteiligungsverändernde Spaltung ablehnen. Nach der Regelung des § 147 S. 1 des Diskussionsentwurfs hingegen könnte der Staat als Aktionär mit einer Dreiviertelmehrheit eine beteiligungsverändernde Spaltung auch ohne Stimmen der privaten Aktionäre durchsetzen. Zwar müßten die Nachfolgegesellschaften im Falle des Widerspruchs letzterer eine angemessene Abfindung gegen den Erwerb der betreffenden Anteile anbieten. Das Ziel des Mehrheitsaktionärs - hier des Staates - eine Änderung des Beteiligunsverhältnisses an den Nachfolgegesellschaften durchzuführen, wäre jedoch erreicht. Die Regelung des Referentenentwurfs trägt somit dem Schutze der Minderheit privater Aktionäre besser Rechnung als diejenige des Diskussionsentwurfs. Die Einschränkung der Klagemöglichkeit nach § 14 DisE (§ 14 Abs. 2 RefE) ist im Falle einer 100%igen Beteiligung der öffentlichen Hand bedeutungslos. Falls allerdings auch Private an der zu spaltenden Gesellschaft beteiligt sind, fördert § 14 DisE (§ 14 Abs. 2 RefE) die Zügigkeit des Spaltungsverfahrens.

2) Gläubiger- und Arbeitnehmerschutz

Es besteht in vielen Bereichen kein Unterschied zwischen einer staatlichen und einer rein privaten Beteiligung an einer zu privatisierenden Aktiengesellschaft. Gerade im Rahmen des Gläubiger- und Arbeitnehmerschutzes löst sich der Staat gänzlich von seiner Stellung als früherer Aktionär. Somit gelten die allgemeinen Vorschriften, die auch bei rein privater Beteiligung Anwendung finden. Dies ist die Konsequenz einer Beteiligung des Staates an einer juristischen Person des Privatrechts, hier in Form einer Aktiengesellschaft.

ZWEITER TEIL: SPALTUNGEN IN FRANKREICH

I) Einführung: Der Begriff der Spaltung und des öffentlichen Unternehmens im französischen Recht

1) Einführung

Die Methode der scission wird in Frankreich als übliches Werkzeug einer Privatisierung angesehen.[259] Allerdings ist festzustellen, daß bis heute trotz gesetzlicher Regelung von dieser Möglichkeit kein Gebrauch gemacht wurde.[260] Die scission zwecks Privatisierung ist in Art. 1 des Gesetzes Nr. 86-912 vom 6. August 1986 vorgesehen.[261] Gesetzlich geregelt sind Spaltungen in Frankreich seit dem Gesetz Nr. 66-537 vom 24. Juli 1966.[262] Hervorgehoben wurde das Problem der Spaltung durch das Steuergesetz vom 16. Juni 1948.[263] Das Gesetz vom 24. Juli 1966 regelt neben der fusion auch die scission in den Art. 317-389. Art. 371 dieses Gesetzes definiert die scission als "...apport du patrimoine d'une société à des sociétés nouvelles...". Das Gesetz vom 24. Juli 1966 wurde durch das Gesetz Nr. 88-17 vom 5.1.1988 ergänzt und in gewissen Punkten verändert. Anlaß für den Erlaß dieses Gesetzes war die Sechste Richtlinie der Europäischen Gemeinschaften betreffend die Spaltungen von Aktiengesellschaften. Einzelheiten der scission, insbesondere zum Spaltungsplan, sind darüber hinaus in den Art. 254 bis 265 des Décret Nr. 67-236 sur les sociétés commerciales vom 23. März 1967 geregelt. Die Bestimmungen über die scission

---

259 Vgl. Lamy Sociétés commerciales, unter "Privatisations", Nr. 4300 ff., 4303. Hier werden fusion und scission als herkömmliche Lösungswege für eine Privatisierung neben anderen möglichen Verfahrensweisen angegeben.

260 Der Verfasser hat sich im Rahmen seiner Recherchen an mehrere namhafte Pariser Wirtschaftskanzleien und französische Professoren gewandt. Diese konnten keine konkreten Beispiele von Spaltungen zwecks Privatisierung geben, die auf dem Gesetz vom 6. August 1986 beruhten.

261 Vgl. hierzu Buffelan, Juris-Classeur Civil Annexes III, Fasc. 156, Nr. 19.

262 Nachfolgende Artikel ohne Gesetzesangabe sind solche des Gesetzes Nr. 66-537 vom 24.7.1966.

263 Vasseur, Les fusions et les scissions des sociétés par action, in: Etudes de droit contemporain, Tome III, S. 45 ff.; Bärmann, ZVglRWiss. 81 (1982), 251, 253.

orientieren sich sehr stark an denjenigen der entgegengesetzten Fusion.[264] Vor dem Gesetz von 1988 unterschied das französische Recht noch zwischen der scission und der fusion-scission.[265] Im Gegensatz zur reinen scission wurde bei der fusion-scission das Vermögen auf schon bestehende Gesellschaften übertragen. Hier unterschied das französische Recht wiederum zwischen der fusion-scission "par combinaison" und der fusion-scission "par absorption". Letztere lag im Normalfall vor: eine sich auflösende Gesellschaft brachte ihr Vermögen in mehrere bestehende Gesellschaften ein. Die fusion-scission "par combinaison" lag vor, wenn eine oder mehrere aufnehmende Gesellschaften über die Vermögensteile der aufgelösten Gesellschaft hinaus weitere Vermögensteile einer anderen Gesellschaft aufnahmen. Möglich war auch eine Kombination dieser verschiedenen Arten von Spaltungen, die sogenannte "fusion-scission mixte".[266] Wie jedoch schon erläutert, wird seit dem Gesetz vom 5. Januar 1988 nicht mehr zwischen scission und fusion-scission unterschieden.[267]

Gemäß Art. 372 Abs. 1 des Gesetzes Nr. 66-537 ist das Spaltungsverfahren auf alle Gesellschaftsformen anwendbar. Das französische Recht macht - im Gegensatz zum deutschen Recht - keinen Unterschied zwischen der Spaltung von Personenhandelsgesellschaften und Kapitalgesellschaften. Dies hängt damit zusammen, daß auch

---

264 Cozian/Viandier, Droit des sociétés, S. 435, Nr. 1709.

265 Zu den Definitionen vgl. Dalloz, Répertoire des sociétés, unter fusion et scission, Nr. 8-12; Bärmann, ZVglRWiss. 81 (1982), 251, 253 ff.; Sonnenberger/Dammann, Französisches Handels- und Wirtschaftsrecht, III 123, S. 158. Vgl. auch den Aufsatz von André Dalsace, in J.C.P. 1962, I 1731, der vor dem Gesetz von 1966 beide Arten der Spaltung noch scission nannte. Siehe auch Moreau/Guyénot, Traité pratique des sociétés commerciales, Tome II, Rdnrn. 157 ff.; Jauffret/Mestre, Droit commercial, Rdnrn. 267 ff., 418; Merle, Droit commercial, Rdnr. 672.

266 Baudeu/Bellargent, Fusion de sociétés Juris-classeur, des sociétés, Scission, traité fasc. 164- A bis H, insb. G, Rdnrn. 1 ff., S. 1 ff.; Bärmann, a.a.O., S. 253, 254 Fn. 15; Juris-classeur, Entreprises, sociétés, II, S. A., fasc. 2003, Nr. 5; Siméon, Les fusions et scissions de sociétés, régimes juridiques, financières et fiscales; Froessel/Daniel, Les scissions de sociétés; Latscha, Jacques, La pratique des fusions, scissions et apports partiels; Biasca, Pierre, "Fusions, scissions de société et droit des tiers", Gaz. Pal. 1969, 1. Doctrine, S. 86; Lamy Sociétés commerciales, Nr. 780 ff.; vgl. zum Ganzen die Bibliographie in Dalloz, Répertoire des sociétés, unter fusion et scission.

267 Vgl. Lamy Sociétés commerciales, unter K, I 3; Sonnenberger/Dammann, Französisches Handels- und Wirtschaftsrecht, III 123, S. 158. Insofern die heutige französische Rechtslage verkennend Marsch-Barner, DWiR 1991, 89, 91. Dieser geht anscheinend immer noch davon aus, daß das französische Gesellschaftsrecht zwischen der "scission" und der "fusion-scission" unterscheidet.

Personenhandelsgesellschaften in Frankreich als juristische Personen angesehen werden.[268]

2) Definition der Spaltung nach französischem Recht[269]

a) Die Aufspaltung

Unproblematisch ist im französischen Recht die im deutschen Recht genannte Aufspaltung. Danach überträgt eine sich auflösende Gesellschaft ihr Vermögen auf andere mit der Folge, daß die Aktionäre der übertragenden Gesellschaft die Anteile an den Nachfolgegesellschaften erwerben. Die übertragende Gesellschaft erlischt dann in der Regel ohne Liquidation.[270] Auch das französische Recht unterscheidet zwischen der Aufspaltung zur Neugründung und zur Aufnahme.

b) Die Abspaltung

Streitig ist hingegen, ob die Abspaltung im französischen Recht unter den Begriff scission fällt.[271] Die wohl weitaus herrschende Meinung sieht das Erlöschen der übertragenden Gesellschaft als unverzichtbares Merkmal der scission an, so daß die

---

268 Hahn, GmbHR 1991, 242, 252; Sonnenberger/Dammann, Französisches Handels- und Wirtschaftsrecht, III 46, S. 125; Cozian/Viandier, Droit des sociétés, S. 75 ff., Nr. 240 ff.; Casimir/Couret, Droit des affaires, Nr. 259 ff.; Lefebvre/Mollaret-Laforêt, Droit et entreprise, S. 118 ff.

269 Zu den Definitionen vgl. Andrieux/Direz/Gilbert, Traité pratique des sociétés anonymes, Nr. 1265 ff.; Tillmanns, RIW 1983, 107, 108; ders., Umwandlung, Fusion, Scission und Teileinbringung im französischen Handels- und Steuerrecht, in: Widmann/Mayer, Umwandlungsrecht, Band 4, nach § 28 Rdnrn. 50 ff.; Siméon, Les fusions et scissions de sociétés, régime juridique et fiscal, S. 8 ff.; Rétail, Fusions et scissions de sociétés, S. 9 ff. Zum neuesten Stand siehe Bertrel/Jeantin, Acquisitions et fusions des sociétés commerciales, Rdnrn. 774 ff.

270 Vgl. Teichmann, Die AG 1980, 85, 91 ff; Lutter, ZGR 1990, 392, 403; Bézard, La société anonyme, S. 204, Nr. 819; Tillmanns, Umwandlung, Fusion, Scission und Teileinbringung im französischen Handels- und Steuerrecht, in: Widmann/Mayer, Umwandlungsrecht, Band 4, nach § 28 Rdnrn. 49 ff.

271 Vgl. zum Meinungsstreit, Duden/Schilling, Die AG 1974, 204; Dalloz, Répertoire des sociétés, unter fusion et scission, Nr. 8 ff.; Kropff, Festschrift für Geßler, S. 114; Trouillat, Le droit nouveau des sociétés commerciales, S. 13:; Hémard/Terré/Mabilat, Sociétés commerciales, Tome III, Nr. 789; Ripert/Roblot, Droit commercial, Tome I, Nr. 1600.

Abspaltung nicht von der scission erfaßt wird.[272] Eine andere Meinung in der französichen Rechtsliteratur versteht unter scission auch die Abspaltung.[273] Fraglich ist allerdings, ob dieser Streit von Relevanz ist. Zur Beantwortung dieser Frage ist zu beachten, daß das französische Recht das Institut des "apport partiel d'actif", auch "scission partielle" genannt, kennt. Dieses gehört an sich nicht zur scission.[274] Es ist jedoch möglich, dieses Verfahren den Regeln über die scission (Art. 317 ff. des Gesetzes von 1966) zu unterwerfen. Art. 387 des Gesetzes von 1966, in dem der apport partiel d'actif geregelt ist, besagt: "Die Gesellschaft, die einen Teil ihrer Aktien auf eine andere Gesellschaft überträgt, und die Gesellschaft, die von dieser Übertragung begünstigt wird, können durch einfaches Übereinkommen beschließen, diesen Vorgang den Bestimmungen der Art. 382-386 zu unterwerfen."[275] Bei dem apport partiel d'actif bleibt die übertragende Gesellschaft bestehen. Somit unterscheidet sich diese Verfahrensart erheblich von derjenigen der scission.[276] Eine entsprechende Anwendung der wesentlichen Vorschriften über die scission wird jedoch zugelassen. Die Vorstände (Directoire oder Conseil d'administration) der Nachfolgegesellschaften und der übertragenden Gesellschaft können dies im Einvernehmen beschließen. Eine entsprechende Anwendung der scission-Vorschriften wird vor allem im Falle der Übertragung des größten Teils des Vermögens auf andere Gesellschaften als sinnvoll empfunden. Dies empfiehlt auch die "Commission des opérations de bourse" (C.O.B.)[277], die der deutschen Börsenaufsicht entspricht.[278] Zwar ist dies

272 So auch Lutter, ZGR 1990, 403; Trouillat, a.a.O., S. 136; Tillmanns, Umwandlung, Fusion, Scission und Teileinbringung im französischen Handels- und Steuerrecht, in: Widmann/Mayer, Umwandlungsrecht, Band 4, nach § 28 Rdnr. 49 ff.

273 Lamy Sociétés commerciales, Nr. 781, 784, erwähnt die Möglichkeit, die übertragende Gesellschaft könne als Holding weiterhin bestehen bleiben; so auch Recordon, Pierre-Alain, La protection des actionnaires lors des fusions et scissions de sociéte en droit suisse et en droit francais, Nr. 50.

274 Siehe dazu Lamy Sociétés commerciales, Nr. 1849; Cozian/Viandier, Droit des sociétés, S. 451, Nr. 1748; Baudeu/Bellargent, Fusion de sociétés, Juris-classeur sociétés, Apport partiel d'actif, Fasc. 164 H, Rdnrn. 1 ff., S. 1 ff.; Dalloz, Répertoire des sociétés, unter fusion et scission, Nr. 211.

275 Siehe die Übersetzung von Bärmann, ZVglRWiss. 81 (1982), 251, 262.

276 Duden/Schilling, Die AG 1980, 202, 206 f.; Lamy Sociétés commerciales, Nr. 783 und 3161-3164.

277 Zur Bedeutung der C.O.B. im französischen Gesellschaftsrecht allgemein siehe Sonnenberger/Dammann, Französisches Handels- und Wirtschaftsrecht, III 27 ff., S. 117 f.

nicht zwingend, aus Gründen der Rechtsklarheit und Rechtssicherheit jedoch sehr empfehlenswert. Die C.O.B. hat schon Mißbrauchsfälle gerügt, in denen eine Aktionärsminderheit stark benachteiligt wurde. Bedenklich ist insbesondere, daß eine Gesellschaft ohne Mitwirkung der Hauptversammlung auch den größten Teil ihres Vermögens auf Nachfolgegesellschaften übertragen könnte.[279] Im Schrifttum wird einzeln vertreten, die Einschaltung der Hauptversammlung sei nur dann sinnvoll, wenn dadurch gleichzeitig der sog. "objet social" (Gesellschaftszweck) geändert werde.[280] Diese Auffassung ist jedoch als zu restriktiv abzulehnen. Vielmehr ist aus den oben genannten Gründen den Ausführungen der C.O.B. zu folgen.

Zu fragen ist jedoch, weshalb das französische Recht nicht die Abspaltung unter den Begriff scission fallen läßt. Als Begründung wird in der Literatur ausgeführt, die Abspaltung berge die Gefahr, daß Unternehmen sich von finanziell schwachen und "lästigen" Unternehmensteilen einfach trennen und so sich eventuell auch einer Haftung zu Lasten des Rechtsverkehrs entziehen könnten.[281] Andererseits wäre es konsequent, die Abspaltung zu akzeptieren, da gerade im Rahmen der in Frankreich weit verbreiteten Fusion die Möglichkeit bestehen müßte, sich von einem bestimmten Unternehmensteil trennen zu können, der bei einer Fusion mitaufgenommen wurde, zur Branche des Unternehmens aber z.B. überhaupt nicht paßt.[282] Auch könnte eine solche Spaltung eine Vorstufe für eine Teilfusion sein.

---

278 Zwar ist die C.O.B. ein Organ der Börsenaufsicht, da sie aber auch die Interessen der Anleger schützen soll, hat sie einen großen Einfluß auf die Aktiengesellschaften, die an der Börse notiert werden. Neben Empfehlungen kann die C.O.B. auch einschneidendere Maßnahmen vornehmen, so z.B. Anweisungen und Einzelanordnungen. Siehe hierzu Sonnenberger/Dammann, Französisches Handels- und Wirtschaftsrecht, VI 13, S. 295 f. Bärmann, ZVglRWiss. 81 (1982), 251, 262, 263.; Dalloz, Répertoire des sociétés, unter fusion et scission, Nr. 19 ff. (insbesondere Nr. 20); Duden/Schilling, Die AG 1980 , 202, 206 f.

279 So auch Bézard, La société anonyme, Nr. 836 f., S. 210.

280 So Lamy Sociétés commerciales, Nr. 1861.

281 Teichmann, Die AG 1980, 85, 87; Hémard/Terré/Mabilat, Sociétés commerciales, Bd. III, Nr. 783.

282 Teichmann, Die AG 1980, 85, 87.

c) Die Ausgliederung

Auch die Einordnung der Ausgliederung als scission ist im französischen Schrifttum höchst umstritten.[283] Nach herrschender Meinung wird die Ausgliederung ebenfalls unter den apport partiel d'actif gefaßt.[284] In Frankreich hat aber die Unterscheidung zwischen Abspaltung und Ausgliederung keine besondere Bedeutung. Sowohl Abspaltung als auch Ausgliederung fallen unter den Begriff apport partiel d'actif, so daß sich keine Differenzen zwischen den beiden Spaltungsarten ergeben.[285] Im nachfolgenden - französischen - Teil der Arbeit werden demnach Abspaltung und Ausgliederung zusammengefaßt.

3) Begriff des öffentlichen Unternehmens im französischen Rechtssystem

Es ist zu überlegen, ab welchem Prozentsatz staatlicher Beteiligung das Vorliegen eines "öffentlichen Unternehmens" im französischen Recht angenommen werden kann. Dieses Problem könnte u.a. angesichts der Rolle der Hauptversammlung und des Gläubiger- und Arbeitnehmerschutzes von sehr großer Bedeutung sein. So ist ersichtlich, daß die Funktion der Hauptversammlung einer Aktiengesellschaft, deren Anteile sich gänzlich in staatlicher Hand befinden, eine ganz andere ist, als bei einer AG mit z.B. nur 51%iger staatlicher Beteiligung. Das französische Recht kennt juristische Personen des öffentlichen Rechts und des Privatrechts. Falls der Staat Anteile an einer privatrechtlichen juristischen Personen in seinen Händen hält, unterscheidet das Recht wiederum zwischen Eigengesellschaften ("sociétés à capital public") und gemischt-wirtschaftlichen Unternehmen ("sociétés d'économie mixte").[286]

---

283 Hémard/Terré/Mabilat, a.a.O., Nr. 790.

284 Vgl. dazu Hémard/Terré/Mabilat, a.a.O., Nr. 790; Rétail, Fusions et scissions de sociétés, S. 111 f.

285 Ripert/Roblot, a.a.O., Nr. 1600; Hahn, GmbHR 1991, 242, 252.

286 Zu den Definitionen siehe Öffentliche Betriebe, Europa-Glossar der Rechts- und Verwaltungssprache, Band 16, S. 34 ff., 42 ff.; vgl. auch Chevallier, Les entreprises publiques en France, S. 7 ff.; Dufau, Les entreprises publiques, S. 68 ff.

a) Im Falle einer Eigengesellschaft befinden sich alle Anteile an der Gesellschaft in staatlicher Hand. Im Rahmen einer Aktiengesellschaft ist der Staat deren alleiniger Aktionär. Der staatliche Einfluß ist hier am stärksten ausgeprägt:[287] Die Regierung hat einen Einfluß auf die Ernennung des Präsidenten und der Generaldirektoren (im Falle der klassischen Konstellation einer Aktiengesellschaft mit "Conseil d'administration"), bestimmte Behörden üben die Rechte der Hauptversammlung aus und das Finanzministerium entscheidet über die Auswahl der Wirtschaftsprüfer.[288] Es ist einleuchtend, daß die Hauptversammlung keine eigenständige Rolle mehr haben kann.

b) Falls auch Private neben dem Staat an einem Unternehmen beteiligt sind, wird dieses als gemischt-wirtschaftlich bezeichnet (sog. "société d'économie mixte").[289] Bei den gemischt-wirtschaftlichen Unternehmen wird keine feste Grenze für eine Mindestbeteiligung des Staates festgesetzt.[290] Der Staat braucht nicht einmal Mehrheitsaktionär zu sein. Ausreichend ist schon, daß sich Anteile an der Gesellschaft in staatlicher Hand befinden. Im Falle einer Mehrheitsbeteiligung des Staates hat dieser jedoch das Recht zur Ernennung des Generaldirektors (sog. "Président directeur général"). Auch besteht eine staatliche Kontrolle der Geschäftsführung. Die Hauptversammlung behält aber ihre Kernfunktion. Gerade bei Beschlüssen, die eine Drei-

---

287 Siehe Linotte, Juris-Classeur, Civil Annexes, Vol. 3, Fasc. 155, S. 19, Rdnr. 175.

288 Die Befugnisse der Hauptversammlung werden bei Banken von der "Commission de contrôle des banques" (Bankenaufsicht), bei Versicherungen von dem "Conseil national des assurances" (Versicherungsaufsicht) ausgeübt. Vgl. hierzu vorherige Fußnote.

289 Vgl. hierzu Sonnenberger/Dammann, Französisches Handels- und Wirtschaftsrecht, III 203 ff., S. 190 ff. und III 2, S. 106 f.; siehe auch Hamel/Lagarde, Droit commercial, Tome I, Rdnrn. 889 ff.; Dufau, Les entreprises publiques, S. 81 ff. Siehe auch Nguyen Quoc Vinh, Juris-Classeur Administratif, Vol. 2, Fasc. 160; Linotte, Juris-Classeur, Civil Annexes, Vol. 3, Fasc. 155, S. 18, Rdnr. 162. Dieser zitiert als Beispiele für Sociétés d'économie mixte die Unternehmen Air France, C.F.P., S.E.I.T.A., S.N.I.A.S. u.a.; sehr ausführlich hierzu Dufau, Les entreprises publiques, S. 81 ff.

290 Ein Beispiel für eine Gesellschaft mit gemischt staatlich-privater Beteiligung ist die in der Vergangenheit stark umstrittene fusionierte Gesellschaft THOMSON-CEA. Vgl. hierzu den Artikel von Rolf H. Fricke "Fragwürdige Fusion" im Handelsblatt vom 20./21.12.1991, Nr. 245/51, S. 18. Siehe auch den Artikel von Ludwig Siegele in der Zeit vom 27.12.1991, S. 18, "Frankreichs Flucht nach vorne". Siehe auch den Bericht in der FAZ vom 3.9.1991, Nr. 204, S. 16, "Paris diskutiert weitere Teilprivatisierung". Nach letzterem sind Minderheitsbeteiligungen an staatlichen Unternehmen von der Regierung sogar erwünscht.

viertelmehrheit voraussetzen, wird ihre dominante Stellung deutlich. Bei einer nur geringen Beteiligung des Staates bestehen keine Unterschiede im Vergleich zu Gesellschaften mit "nur" privater Beteiligung.
Im Rahmen dieser Arbeit wird in erster Hinsicht die Privatisierung einer sog. "société d'économie mixte" von Interesse sein, da in diesem Fall die Hauptversammlung eine selbständige Funktion hat. Allerdings besteht wiederum ab einer 75%igen Beteiligung eine Vormacht des Staates, da dann eine Sperrminorität von privaten Aktionären nicht mehr zustandekommen kann. Hier könnte eine Minderheit von privaten Aktionären somit nicht einmal die einschneidendsten Maßnahmen und Beschlüsse verhindern (z.B. Satzungsänderung, Auflösung einer Aktiengesellchaft, Spaltungsbeschluß). Zu berücksichtigen ist schließlich, daß dem Staat in vielen Unternehmen in der Form einer société d'économie mixte ein privilegiertes Stimmrecht ("vote plural" oler "vote privilégié") zusteht.[291] Dieses ist meistens in der Satzung der Aktiengesellschaft niedergelegt. Der Einfluß von privaten Aktionären kann dadurch in erheblicher Weise gemindert werden. Dem Staat kann u.a. trotz fehlender Kapitalmehrheit die Stimmenmehrheit in der Hauptversammlung zustehen.

291 Vgl. hierzu Linotte, Juris-Classeur, Civil Annexes, Vol. 3, Fasc. 155, S. 18, Rdnr. 163; Nguyen Quoc Vinh, Juris-Classeur Administratif, Vol. 2, Fasc. 160, S. 18, Rdnr. 94; Dufau, Les entreprises publiques, S. 87.

II) Verfahren bei Spaltung einer Aktiengesellschaft nach französischem Recht[292]

1) Verschiedene Stufen des Spaltungsverfahrens

a) Aufspaltung

aa) Projet de scission (Spaltungsplan) oder contrat de scission (Spaltungsvertrag)

Neu ist das Erfordernis eines "projet de scission", also eines Spaltungsplans, in dem die Details des Verfahrens im Falle einer scission zur Neugründung festgelegt werden.[293] Dieser Spaltungsplan wird entweder vom "Conseil d'administration" oder vom "Directoire" (Vorstand) entworfen.[294] Das zuständige Organ hängt von der gewählten Aktiengesellschaftsform ab.[295] Im Falle einer scission zur Aufnahme wird ein Spaltungsvertrag abgeschlossen. Spaltungsplan und Spaltungsvertrag dienen in erster Hinsicht der Festlegung des übertragenen Vermögens und dessen Verteilung auf die jeweiligen Nachfolgegesellschaften. Um den Wert der übertragenen Aktiva und Passiva möglichst gerecht einzuschätzen, unterliegt der Spaltungsplan der Kontrolle

292 Zum Verfahren im Rahmen der Spaltung vgl. Andrieux/Direz/Gilbert, a.a.O., Nr. 1278 ff., insbesondere Nr. 1313-1316; Siméon, Les fusions et scissions de sociétes, régime juridique et fiscal, S. 73 ff.; siehe auch Sonnenberger/Dammann, Französisches Handels- und Wirtschaftsrecht, III 132, S. 160. Sehr ausführlich hierzu Baudeu/Bellargent, Fusion de sociétés, Jurisclasseur sociétés, Scission, Fasc. 164 G, Rdnrn. 37 ff.; S. 7 ff.

293 Zum erforderlichen Inhalt eines Spaltungsplans vgl. Lamy, a.a.O., unter K, Nr. 17; siehe auch Tillmanns, a.a.O., nach § 28 Rdnr. 62; Sonnenberger/Dammann, Französisches Handels- und Wirtschaftsrecht, III 126, 132, S. 158 ff.; Merle, Droit commercial, Rdnr. 678; siehe auch Mercadal/Janin, Sociétés commerciales, Rdnrn. 3470 ff.

294 Bézard, La société anonyme, Nr. 808, S. 200.

295 Seit 1966 gibt es im französischen Gesellschaftsrecht eine zweite Form der Aktiengesellschaft, die nach deutschem Modell geregelt ist, d.h. mit Vorstand und Aufsichtsrat. In diesem Fall ist der "Directoire" als Vorstand zuständig. Bei der älteren Form der Aktiengesellschaft entscheidet der "Conseil d'administration" als oberstes Verwaltungsorgan. Vgl. dazu Cozian/Viandier, Droit des sociétés, S. 209, Rdnr. 625. Diese bezeichnen die beiden Rechtsformen von Aktiengesellschaften als "direction à la francaise" und "direction à l'allemande". Letztere hat sich jedoch bis heute kaum durchgesetzt. 1989 waren nur 1% der Aktiengesellschaften nach deutschem Muster organisiert. Siehe auch Sonnenberger/Dammann, Französisches Handels- und Wirtschaftsrecht, III 145 ff., S. 166 f. und Chaussade-Klein, Gesellschaftsrecht in Frankreich, S. 55.

der C.O.B. Diese achtet insbesondere darauf, daß die Bewertung nach einheitlichen Maßstäben erfolgt.[296]

bb) Spaltungsbeschluß

Über die Spaltung entscheidet die außerordentliche Hauptversammlung, die "Assemblée générale extraordinaire", wie in Art. 259 des Décrets vom 3.3.1967 bestimmt.[297] Dieser Beschluß bedarf einer Dreiviertelmehrheit. Dies ergibt sich daraus, daß auf den Spaltungsbeschluß gemäß Art. 376 Abs. 2 des Gesetzes von 1966 die Vorschriften über die Abstimmung bei außerordentlichen Hauptversammlungen (Art. 156 Abs. 3 i.V.m. Art. 153 Abs. 2 S. 3 des Gesetzes von 1966) entsprechend anwendbar sind.[298] Die Spaltung ist gemäß Art. 372-2 des Gesetzes Nr. 88-17 vom 5. Januar 1988 im Falle der Neugründung von Nachfolgegesellschaften erst erfolgt, wenn der Spaltungsbeschluß in das Handelsregister eingetragen wurde. Im Falle einer Spaltung ohne Neugründung, d.h., wenn das Gesellschaftsvermögen in schon bestehende Gesellschaften eingebracht wird, hat die Eintragung des Spaltungsbeschlusses nur deklaratorischen Charakter.

cc) Gründung der Nachfolgegesellschaften im Falle der Spaltung zur Neugründung

Es gelten grundsätzlich die allgemeinen Vorschriften über die Gründung von Aktiengesellschaften. Danach wäre bei der einfachen société anonyme ein Mindestgrundkapital von 250.000 FF und bei der Publikumsgesellschaft von 1.500.000 FF erforderlich.[299] Zusätzlich zur übertragenden Gesellschaft müssen sich noch sechs andere Gründungsgesellschafter finden, wie dies nach den Gründungsvorschriften

---

296 Bézard, La société anonyme, Nr. 809 f., S. 201.

297 Dalloz, Répertoire des sociétés, unter fusion et scission, Nr. 167 ff.

298 Zum Zuständigkeitsbereich der außerordentlichen Hauptversammlung ("Assemblée générale extraordinaire") siehe Sonnenberger/Dammann, Französisches Handels- und Wirtschaftsrecht, III 165 ff., S. 175 f.; Hüpper, Die AG 1973, 330, 332 ff.

299 Vgl. Sonnenberger/Dammann, Französisches Handels- und Wirtschaftsrecht, III 145, S. 166.

(Art. 73) vorausgesetzt wird.[300] Die übertragende Gesellschaft hat dann lediglich die Stellung eines Gesellschafters neben anderen.

Wird die Nachfolgegesellschaft nur mit der Sacheinlage der übertragenden Gesellschaft gegründet, tritt eine Vereinfachung des Gründungsverfahren ein.[301] Gemäß Art. 383 Abs. 1 des Gesetzes von 1966 entfällt dann die Notwendigkeit einer Gründung durch sieben Beteiligte.[302] Ausreichend ist die Gründung durch die übertragende Aktiengesellschaft.[303] In letzterem Fall ist kein Hinzuziehen von sechs weiteren Gründungsgesellschaftern erforderlich. Die Hauptversammlung der übertragenden Aktiengesellschaft wandelt sich dann in eine Gründungsversammlung der neuen Nachfolgegesellschaft um.[304] Diese entscheidet nach den für die scission geltenden Vorschriften über die Beschlußfähigkeit und die erforderliche Mehrheit. Bemerkenwert ist, daß dann keine Prüfung des Wertes der Einbringung gemäß Art. 383 Abs. 2 des Gesetzes 66-537 stattfindet (hierzu unter gg). In der Praxis wird die vereinfachte Gründung der Nachfolgegesellschaften nach Art. 383 des Gesetzes Nr. 66-537 wegen der insgesamten Straffung des Spaltungsverfahrens der häufigste Fall sein. Die Nachfolgegesellschaften entstehen mit ihrer Eintragung in das Handelsregister.

dd) Kapitalerhöhung in den Nachfolgegesellschaften bei der Spaltung zur Aufnahme

Im Falle der Spaltung zur Aufnahme ist hinsichtlich der Nachfolgegesellschaften (Aktiengesellschaften) eine Kapitalerhöhung gegen Sacheinlagen vorzunehmen.[305]

---

300 Vgl. Dalloz, Répertoire des sociétés, unter fusion et scission, Nr. 182, 186.

301 Neye, DB 1986, 365, 368; Bézard, La société anonyme, Nr. 832, S. 209.

302 Lamy Sociétés commerciales, unter fusion et scission, Nr. 1852; Tillmanns, Umwandlung, fusion, scission und Teileinbringung im französischen Handels- und Steuerrecht, in: Widmann/Mayer, Umwandlungsrecht, Band 4, nach § 28 Rdnr. F81.

303 Hierzu Neye, DB 1982, 365, 368.

304 Dalloz, Répertoire des sociétés, unter fusion et scission, Nr. 170.

305 Ripert/Roblot, Droit commercial, Tome I, Nr. 1598, S. 1010; Tillmanns, a.a.O., nach § 28 Rdnr. F78.

ee) Auflösung der übertragenden Gesellschaft

Die Auflösung der übertragenden Gesellschaft erfolgt grundsätzlich ohne Liquidation.[306] Eine aufgelöste Aktiengesellschaft tritt grundsätzlich in das Liquidationsstadium. Ausnahmen hiervon bestehen jedoch:

- bei einer Einmanngesellschaft, deren Vermögen durch Gesamtrechtsnachfolge auf den Einmanngesellschafter übergeht (Art. 1844-5 Abs. 3 C. C.).[307]
- nach ganz herrschender Auffassung bei der scission, da das Vermögen durch Gesamtrechtsnachfolge auf die Nachfolgegesellschaften übergeht.[308]

Art. 371 Abs.1 läßt jedoch auch die Spaltung einer in Liquidation sich befindenden Gesellschaft zu.[309] Die Abwickler dürfen in dem Fall aber noch keine Leistungen erbracht haben. Diese Einschränkungen wurden im Gesetz Nr. 88-17 vom 5.1.1988 neu festgelegt (vgl. Art. 371 Abs. 3 des neuen Gesetzes). Somit ist lediglich die Eröffnung der Liquidation erlaubt.[310] Das Vermögen ist zu diesem Zeitpunkt auf demselben Stand wie bei der Auflösung des Unternehmens. Die französische gesellschaftsrechtliche Literatur unterscheidet aber strikt die "herkömmliche" Auflösung einer Gesellschaft von derjenigen im Rahmen einer scission. Der Unterschied besteht darin, daß die Aktionäre der sich auflösenden (übertragenden) Gesellschaft unmittelbar in die Stellung der Aktionäre der Nachfolgegesellschaften geraten.[311]
Die übertragende Gesellschaft wird zwar aufgelöst, dies ist aber somit von einer bloßen Auflösung streng zu unterscheiden.[312]

---

306 Teichmann, Die AG 1980, 85, 91 ff.; Duden/Schilling, Die AG 1974, 202, 203; siehe auch Delmotte, in: Moreau/Guyénot, Traité pratique des sociétés commerciales, Tome VII, Rdnr. 5247; Bertrel/Jeantin, Acquisitions et fusions des sociétés, Rdnrn. 790 ff.

307 Sonnenberger/Dammann, Französisches Handels- und Wirtschaftsrecht, III 31, S. 119 und III 137, S. 16: f.

308 Teichmann, Die AG 1980, 85, 91 ff.; Mercadal/Janin, Sociétés commerciales, Rdnr. 3436.

309 Lamy Sociétés commerciales, Nr. 1846; Bézard, La société anonyme, Nr. 804, S. 200.

310 Lamy Sociétés commerciales, mise à jour Février 1988, unter K, Nr. 4.

311 Vgl. hierzu Hémard/Terré/Mabilat, a.a.O., Rdnr. 788, S. 600 f. Diese schreiben zu diesem Thema: "Bien que la scission emporte dissolution de la société qui se scinde, il faut se garder de la confondre avec une simple dissolution, car elle ne fait pas perdre leur qualité aux associés".

312 Vgl. hierzu Hémard/Terré/Mabilat, a.a.O., Nr. 771, S. 589 f.

ff) Eintragung in das Handelsregister

Der Spaltungsbeschluß ist in das Handelsregister einzutragen. Die Einzelheiten hierzu werden im Rahmen der Anfechtungsmöglichkeiten von Spaltungsbeschlüssen näher untersucht.

gg) Überprüfung des Spaltungsplans durch die sog. "Commissaires aux comptes et aux apports"

Auf Vorschlag des Vorstandes werden die Commissaires aux comptes et aux apports ("Bilanzprüfer" bzw. "Einlageprüfer") vom Handelsgericht ernannt. Diese haben dann die Korrektheit des Spaltungsplans zu überprüfen.[313] Während die "Einlageprüfer" den Wert der in die Nachfolgegesellschaften eingebrachten Sacheinlagen bestimmen, bewerten die "Bilanzprüfer" die Vergütung der Sacheinlagen und das Umtauschverhältnis der Gesellschaftsrechte. Bei einer herkömmlichen Gründung einer Aktiengesellschaft sind gemäß Art. 80 des Gesetzes Nr. 66-537 die einzubringenden Vermögensgegenstände durch eigens zu diesem Zweck bestellte Einlageprüfer zu bewerten. Wird die Nachfolgegesellschaft nur mit der Sacheinlage der übertragenden Gesellschaft gegründet, ist die Einlageprüfung nach Art. 383 Abs. 2 i.V.m. Art. 377, 382 des Gesetzes Nr. 66-537 entbehrlich.[314]

Wie im Rahmen des SpTrUG und der Entwürfe des BMJ stellt sich auch hier die Frage einer zivilrechtlichen Haftung dieser Commissaires im Falle fehlerhafter Überprüfung. Eine solche wird nach herrschender Auffassung bejaht.[315] In Betracht kommt ferner ein deliktischer Anspruch gegen die Sachverständigen (Art. 1382 C.

313 Zur Funktion und Bestellung der Commissaires aux comptes et aux apports siehe Hémard/Terré/Mabilat, Sociétés commerciales, Tome I, Nr. 448 ff.; Ripert/Roblot, Droit commercial, Nr. 1563; Bertrel/Jeantin, Acquisitions et fusions des sociétés commerciales, Rdnrn. 896 ff.; ausführlich hierzu Neye, DB 1982, 365, 367.

314 Neye, DB 1982, 365, 368; Tillmanns, a.a.O., nach § 28 Rdnr. F77.

315 Vgl. Recordon, La protection des actionnaires lors des fusions et scissions de sociétés en droit suisse et en droit francais, Nr. 204 ff.; Lorient civ., 24 février 1988, Bull. cons. nat. des Commissaires aux comptes, 1988, S. 314; Hémard/Terré/Mabilat, a.a.O., Nr. 477 f.

C.).[316] Denn das Vermögen gehört nach französischem Recht zu den geschützten Rechten im Sinne des Deliktsrechts.[317]

hh) Prüfung des Spaltungsplans durch die C.O.B.

Die C.O.B. überprüft selbständig die Angaben des Spaltungsplans, insbesondere die Bewertung der Aktiva und Passiva und das vorgeschlagene Umtauschverhältnis.

b) Verfahren bei dem sog. apport partiel d'actif, also der Abspaltung und Ausgliederung im deutschen Sinne

Im Falle des Weiterbestehens der übertragenden Gesellschaft ist der Beschluß der Hauptversammlung nicht zwingend.[318] Etwas anderes gilt, wenn sich die Beteiligten über die Geltung der scission-Vorschriften geeinigt haben. Diese Möglichkeit ist in Art. 387 gesetzlich verankert. Falls eine solche Vereinbarung getroffen wird, ist ebenfalls der Beschluß der "Assemblée générale extraordinaire" unentbehrlich. Ein Beschluß der Hauptversammlung ist außer im Falle des Art. 387 auch dann zwingend, wenn eine Änderung der Satzung der Aktiengesellschaft durch die Spaltung erfolgen würde.[319] Eine Übertragung eines - auch nicht unerheblichen Vermögensteils - bringt jedoch in der Regel keine Satzungsänderung mit sich. Der Unternehmenszweck kann weiterhin erfüllt werden. Die Auflösung der übertragenden Gesellschaft entfällt bei dem apport partiel d'actif per definitionem.
Im Falle der Abspaltung und der Ausgliederung wird die Vermögensübertragung entweder anhand von Reserven (dies wird selten der Fall sein, wenn es sich um eine

---

316 Eine Erstreckung des Vertragsschutzes auf Dritte ist im französischem Recht kaum verbreitet. Dies liegt daran, daß das Bedürfnis nach einer solchen rechtlichen Konstellation nicht besteht. - Siehe hierzu Ferid, Das französische Zivilrecht, Bd. I, 2 E 40.

317 Hübner/Constantinesco, Einführung in das französische Recht, S. 163.

318 Duden/Schilling, Die AG 1980, 202, 206 f.; Lamy Sociétés commerciales, unter apport partiel d'actif, Nr. 1861, 1862; Dalloz, Répertoire des sociétés, unter fusion et scission, Nr. 210 ff.; vgl. auch Mercadal/Janin, Sociétés commerciales, Rdnrn. 3525 f.

319 Dalloz, Répertoire des sociétés, unter fusion et scission, Nr. 210; Cass. com. 23 Avril 1958, Bull. Civ. III, Nr. 166.

nicht unerhebliche Vermögensübertragung handelt) oder anhand einer Kapitalherabsetzung ("réduction du capital") der übertragenden Gesellschaft finanziert. Gleichzeitig erfolgt dann eine Kapitalerhöhung bei den Nachfolgegesellschaften, falls diese schon vor Spaltungvollzug bestanden.[320] Die Kapitalherabsetzung setzt gemäß Art. 215 Abs. 1 einen Beschluß der Hauptversammlung voraus. Erforderlich ist eine Dreiviertelmehrheit.[321] Somit ist festzuhalten, daß im Falle einer fehlenden Vereinbarung über die Anwendbarkeit der scission-Vorschriften die Hauptversammlung zwar kein Mitbestimmungsrecht hinsichtlich der Abspaltung selbst hat, jedoch die in der Regel erforderliche Kapitalherabsetzung einen Beschluß verlangt. Der erforderliche Kapitalherabsetzungsbeschluß führt dazu, daß die Hauptversammlung eine Abspaltung oter Ausgliederung verhindern kann. Wird die Abspaltung oder Ausgliederung anhand von Reserven finanziert, ist im Falle der Nichtanwendbarkeit der scission-Vorschriften kein Spaltungsbeschluß der Hauptversammlung erforderlich.[322] Dies bedeutet, daß keine Mitwirkung der Hauptversammlung in dieser Fallkonstellation notwendig ist. Dies gilt nur, solange keine Satzungsänderung mit der Abspaltung oder Ausgliederung verbunden ist.[323] Im Ergebnis bedeutet dies, daß im Falle der Nichtanwendbarkeit der scission-Vorschriften bei einer Ausgliederung die Hauptversammlung überhaupt kein Mitwirkungsrecht hat, wenn kein Kapitalherabsetzungsbeschluß erforderlich ist.[324]

Die Frage, ob es der Voreintragung des Kapitalherabsetzungsbeschlusses bedarf, stellt sich im französischen Recht nicht. Da die Kapitalherabsetzung mit dem Beschluß der Hauptversammlung vollzogen ist, hat die spätere Eintragung in das Handelsregister eine rein deklaratorische Wirkung.[325] Der Vorstand der übertragenden Aktiengesellschaft ist jedoch seit dem Gesetz vom 5. Januar 1988 verpflichtet eine

---

320 Lamy Sociétés commerciales, unter apport partiel d'actif, Nr. 1861.

321 Vgl. Bézard, La société anonyme, Nr. 773 ff., 779, S. 191 ff.; Lamy Sociétés commerciales, Nr. 1861, 3597.

322 Siehe hierzu Hamel/Lagarde, Droit commercial, Rdnr. 769.

323 Hamel/Lagarde, a.a.O., Rdnr. 769; Dalloz, Répertoire des sociétés, unter fusion et scission, Nr. 210; Cass. com. 23 Avril 1958, Bull. Civ. III, Nr. 166.

324 Dieses gravierende Problem wird auch von Hübner, Festschrift für Stimpel, S. 791, 801, hervorgehoben. Die Gründe oder gar eine Lösung für diese Problematik werden jedoch leider nicht erwogen.

325 Lamy Sociétés commerciales, Nr. 3600.

"déclaration de conformité", also eine Versicherungserklärung über die Rechtmäßigkeit des Spaltungsverfahrens beim Registergericht abzugeben (Art. 366-1 des Gesetzes 66-537).[326] Da ohne Kapitalherabsetzung die Deckung des Grundkapitals der übertragenden Aktiengesellschaft nicht möglich ist, hat diese vor dem Spaltungsvollzug zu geschehen.[327]

2) Anfechtung der für die Spaltung erforderlichen Hauptversammlungsbeschlüsse[328]

Der Spaltungsbeschluß ist im Handelsregister einzutragen. Die Eintragung ist zwar zwingend, sie hat aber keine konstitutive Wirkung.[329] Die Spaltung ist mit dem Beschluß der Hauptversammlung vollzogen. Die Spaltung ist somit nicht erst mit Eintragung in das Handelsregister vollzogen, sondern schon ab dem Zeitpunkt des Beschlusses der "Assemblée générale extraordinaire".[330] Wenn jedoch zwecks Spaltung einer Aktiengesellschaft neue Gesellschaften gegründet werden müssen, ist die Spaltung erst vollzogen, wenn alle neuen Gesellschaften im Handelsregister eingetragen sind.[331] Hinsichtlich der Gründung einer Aktiengesellschaft hat die Eintragung gemäß Art. 5 des Gesetzes über die Handelsgesellschaften von 1966 konstitutive Wirkung. Im Moment der Eintragung entsteht die juristische Person. Somit kann die Grundregel aufgestellt werden, daß für die Aufspaltung zur Aufnahme keine konstitutive, sondern nur eine deklaratorische Eintragung erfolgt, hingegen für die Aufspaltung zur Neugründung die Eintragung konstitutiver Natur ist. Den Aktionären steht zwar das Recht zu, gegen den Beschluß Klage zu erheben. Solange jedoch kein rechtskräftiges Urteil ergeht, gilt der Hauptversammlungsbeschluß als rechtswirksam.

---

326 Hierzu Merle, Droit commercial, Rdnr. 683.

327 Zum Zeitpunkt des Spaltungsvollzugs siehe unter 2.

328 Vgl. zum Minderheitenschutz durch Anfechtungsmöglichkeit von Hauptversammlungsbeschlüssen allgemein im französischen Recht: Boizard, L'abus de minorité, Rev. des Soc., Nr. 106, 1988, S. 365 ff.; Le Cannu, L'abus de minorité, Bull. Joly 1986, S. 429 ff.; Simont, Réflexion sur l'abus de minorité, Mélange Ronse, S. 307 ff.

329 Lamy Sociétés commerciales, Nr. 1601, 1815; Siméon, Les fusions et scissions de sociétés, S. 74.

330 Bézard, La société anonyme, Nr. 817, S. 203; zum Zeitpunkt des Spaltungsvollzugs vgl. Bertrel/Jeantin, Acquisitions et fusions des sociétés commerciales, Rdnrn. 968 ff.

331 Siehe Siméon, Les fusions et scissions de sociétés, S. 75 f.; Merle, Droit commercial, Rdnr. 685.

Falls eine Klage erhoben wird, ist der Antrag auf Eintragung der neuen Gesellschaften durch das Registergericht abzuweisen.[332] Art. 6 des Gesetzes vom 24. Juli 1966 verlangt eine ausdrückliche Erklärung und einen Bericht des Vorstands oter des "Conseil d'administration" darüber, daß die gründung, insbesondere der Beschluß, rechtmäßig erfolgte. Im Falle der Spaltung mit Neugründung von Gesellschaften kann eine Klage somit für das Gesamtverfahren der Spaltung hindernd sein. Werden keine neuen Gesellschaften zwecks Spaltung gegründet, so kann erst nach dem Urteil des Handelsgerichts gegen den Beschluß vorgegangen werden. Die Spaltung ist jedoch vollzogen. Einer Eintragung bedarf es nicht, da diese für den Spaltungsbeschluß in dem Fall nur deklaratorischer Natur ist.

3) Übergang des Aktivvermögens auf die Nachfolgegesellschaften

Ebenso wie im deutschen Recht existieren die Einzelrechtsnachfolge ("à titre particulier") und die Gesamtrechtsnachfolge ("à titre universel").[333] Das Gesetz vom 24. Juli 1966 schweigt über die Art der Rechtsnachfolge im Rahmen einer Spaltung.[334] Zur "fusion" existiert eine gefestigte Rechtsprechung.[335] Danach erfolgt der Vermögensübergang nach den Grundsätzen der Gesamtrechtsnachfolge. Auch die Lehre vertritt überwiegend diese Auffassung.[336] Obwohl die scission grundsätzlich - was das Verfahren anbetrifft - eine Abbildung der fusion ist, wie dies vor allem Art. 382 des Gesetzes v. 24. Juli 1966 deutlich macht, ist streitig, ob eine Gesamtrechtsnachfolge auch für die scission gelten soll. Während die Rechtsprechung eindeutig auch für die scission eine Gesamtrechtsnachfolge annimmt [337], sind die Meinungen in der

---

332 Touffait, Délits et sanctions dans les sociétés, Nr. 718.

333 Vgl. Marty/Raynaud, Droit civil, Les Biens, Nr. 41, 203; Hahn, GmbHR 1991, 242, 253.

334 Dalloz, Répertoire des sociétés, unter fusion et scission, Nr. 16.

335 Cass. civ., 7 mars 1972, Bull. civ. I, Nr. 71, p. 65, Rev. trim. dr. com., 1972, 654; observations Houin, Cass. com., 11 février 1986, Bull. civ. IV, Nr. 15, p. 13.

336 Ripert/Roblot, a.a.O., Nr. 1597; Juglart/Ippolito, Cours de Droit Commercial, Bd. II, Nr. 934; Hémard/Terré/mabilat, a.a.O., Nr. 772; ausführlich hierzu vgl. Bertrel/Jeantin, Acquisitions et fusions des sociétés commerciales, Rdnrn.776 ff.

337 Cass. com. 19 avril 1972, Nr. 69-14.054, Rev. soc., 1973, p. 105; Cass. com., 7 décembre 1986, J.C.P., 1967. 2.15420; Rev. soc. 1968, p. 58; Gaz. Pal. 1967, p. 253.

Lehre geteilt.[338] In der neueren Literatur hat sich mittlerweile vor allem aus praktischen Gründen die Auffassung der Rechtsprechung durchgesetzt, so daß man wohl nach herrschender Meinung die Gesamtrechtsnachfolge bei einer scission als zutreffend annehmen kann.[339] Seit dem Gesetz vom 5.1.1988 hat sich dieser langjährige Streit erledigt, da Art. 372-1 die "transmission universelle" vorschreibt.[340]
Problematischer ist der Vermögensübergang im Rahmen des apport partiel d'actif. Die Rechtprechung wendet hier ebenfalls die Grundsätze der Gesamtrechtsnachfolge an, wenn eine Vereinbarung über die entsprechende Anwendung der scission-Vorschriften getroffen wurde.[341] Dies wird dadurch erklärt, daß der apport partiel d'actif sich im Falle der entsprechenden Anwendung der scission-Vorschriften in eine sogenannte "scission partielle" umwandele, also auch mit den dazu korrespondierenden Folgen.[342] Falls eine solche Vereinbarung nicht vorliegt, müssen die Vermögensgegenstände im Rahmen der Einzelrechtsnachfolge einzeln auf die Nachfolgegesellschaften übertragen werden. Die Sechste Richtlinie der Europäischen Gemeinschaften vom 17.12.1982 betreffend die Spaltung von Aktiengesellschaften sieht in Art. 25 i.V.m. Art. 17 Abs. 1 (a) ausdrücklich die Gesamtrechtsnachfolge bei der Abspaltung vor.

---

338 Folgende Autoren u.a. halten eine Einzelrechtsübertragung bezüglich des Aktivvermögens für erforderlich: Hémard/Terré/Mabilat, a.a.O., Nr. 789; Houin, Rev. trim. dr. com. 1967, p. 256. Demgegenüber vertreten folgende Autoren u.a. die Meinung, daß die Gesamtrechtsnachfolge einschlägig sei im Rahmen einer scission: Juglart/Ippolito, a.a.O., Nr. 934; Dalsace, Rev. soc. 1968, p. 51.

339 Siehe vor allem Lamy Sociétés commerciales, unter scission et fusion-scission, Nr. 1845, 1858; Dalloz, Répertoire des sociétés, unter fusion et scission, Nr. 13 ff.; Sonnenberger/Dammann, Französisches Handels- und Wirtschaftsrecht, III 127, S. 159.

340 Mercadal/Janin, Sociétés commerciales, Rdnrn. 3435, 3530.

341 Vgl. Cass. com., 16 février 1988, Les petites affiches, 1988, Nr. 23, 22 février, p. 4; J.C.P. Ed. E, 1988.II.15177, Nr. 21, observation Viandier et Caussain.

342 Anders eine Mindermeinung in der Literatur. Vgl. z.B. Bolze, Rev. des sociétés, 1991, 548, 549. Dieser beruft sich darauf, daß nach systematischer Interpretation Art. 387 nur auf die scission-Vorschriften 382 bis 386 verweise, nicht jedoch auf Art. 372-1 Abs. 1.

4) Beteiligungsverhältnisse im Rahmen des Spaltungsverfahrens nach französischem Recht

Das Beteiligungsverhältnis der Aktionäre der übertragenden Gesellschaft an den Nachfolgegesellschaften richtet sich gemäß Art. 383 Abs. 2 Gesetz von 1966 nach der Beteiligungsquote an der übertragenden Gesellschaft. Die Verteilung der Anteile erfolgt laut Gesetz beteiligungswahrend.[343] Dies soll gerade dazu dienen, daß gewisse Gruppen von Aktionären von einer Mehrheit aus bestimmten Nachfolgegesellschaften ausgeschlossen werden mit der Folge, daß diese Minderheit je nach Beteiligungsverhältnis die Beschlüsse in dieser Nachfolgegesellschaft nicht mehr beeinflussen kann. Eine andere Verteilung ist aber im Spaltungsplan oder Spaltungsvertrag rechtlich zulässig (sog. "scission-ségrégation").[344] Wie noch in Bezug auf die Rolle der Hauptversammlung zu untersuchen sein wird, bedarf eine solche beteiligungsändernde Spaltung eines einstimmigen Beschlusses der Hauptversammlung.[345]

III) Gläubigerschutz im französischen Recht

1) Bei der scission

Gemäß Art. 385 des Gesetzes von 1966 haften die übernehmenden Gesellschaften gesamtschuldnerisch ("solidaire") für die Verbindlichkeiten und Pflichten der gespaltenen Gesellschaft.[346] Die übernehmenden Gesellschaften können aber eine Verteilung der Schulden und Lasten vereinbaren und somit die gesamtschuldnerische Haftung für die Schulden der übertragenden Gesellschaft ausschließen (Art. 386). Nach Art. 386 i.V.m. Art. 381, 313, 321 können die Gläubiger aber in diesem Fall

---

343 Vgl. Bärmann, ZVglRWiss. 81 (1982), 251, 257; sehr ausführlich hierzu Rétail, Fusions et scissions de sociétés, 1968, S. 101 ff.

344 Bézard, La Société anonyme, Nr. 809, 811, 819, S. 201 f., 204; Baudeu/Bellargent, Fusion des sociétés, Juris-classeur sociétés, Scission, Fasc. 164 G, Rdnrn. 25 ff., S. 6.

345 Teichmann, Die AG 1980, 85, 91 f.; Baudeu/Bellargent, a.a.O., Rdnrn. 26 f., S. 6.

346 Siehe hierzu Sonnenberger/Dammann, Französisches Handels- und Wirtschaftsrecht, III 132, S. 160; Merle, Droit commercial, Rdnrn. 690 ff.; Mercadal/Janin, Sociétés commerciales, Rdnr. 3536.

innerhalb einer Frist von dreißig Tagen Widerspruch erheben.[347] Die Widerspruchsmöglichkeit bezieht sich nur auf Forderungen, die vor Veröffentlichung des Spaltungsplans entstanden sind.[348] Dieser Widerspruch hindert jedoch nicht den weiteren Ablauf des Spaltungsverfahrens.[349] Die scission kann vielmehr weiterverfolgt werden (vgl. Art. 381 Abs. 4, 386 Abs. 2, 388 Abs. 1, 389). Der "Tribunal de Commerce" als zuständiges Gericht entscheidet dann hierüber durch Urteil. Das Gericht kann dann Zahlung, Sicherheitsleistung oder gar Unwirksamkeit der Spaltung anordnen.[350] Im Falle der Feststellung der Gefährdung der Gläubigerinteressen werden die Nachfolgegesellschaften entweder zur vollen sofortigen Befriedigung oder zur Leistung einer Sicherheit verurteilt (Art. 386 Abs. 2 i.V.m. Art. 381 Abs. 2). Konsequenz des Urteils in diesem Fall ist, daß die Nachfolgegesellschaften wieder gesamtschuldnerisch für diese Forderungen haften.[351] Die scission ist dann den Gläubigern gegenüber, die Widerspruch eingelegt haben, unwirksam gemäß Art. 381 Abs. 2. Insofern hat die Befriedigung dieser Gläubiger Vorrang vor denjenigen der neuen Gesellschaften.[352] Die Gläubiger können sich auch nach der Generalklausel des Art. 1167 C. C. gegen eine scission wehren, wenn ein Fall der "fraude", also des betrügerischen Verhaltens, vorliegt.[353] Die Folgegesellschaften haften dann gemäß dem Urteil wiederum als Gesamtschuldnerinnen.[354] Der Grund für die Gesamtschuldnerschaft der übernehmenden Gesellschaften liegt in der Gefahr der Abwälzung der Schulden auf eine bestimmte Gesellschaft. So könnte eine Aktiengesellschaft ihre Aktiva auf bestimmte Gesellschaften und ihre Passiva auf eine andere Gesellschaft übertragen. Ohne gesamtschuldnerisches Verhältnis der Nachfolgege-

347 Vgl. ausführlich hierzu Mercadal/Janin, Sociétés commerciales, Rdnrn. 3538 ff.

348 Neye, DB 1982, 385, 387.

349 Tillmanns, a.a.O., nach § 28 Rdnrn. 86 ff.; Vgl. dazu Hahn, GmbHR 1991, 242, 254. Dieser spricht von einer "relativen Unwirksamkeit der scission"; Neye, DB, 385, 387.

350 Dalloz, Répertoire des sociétés, unter fusion et scission, Nr. 92 ff., 100; Duden/Schilling, Die AG 1980, 202, 207.

351 Siehe auch Hahn, GmbHR 1991, 242 ff., 253; Rétail, Fusions et scissions de sociétés, S. 14 f.

352 Tillmanns, Umwandlung, Fusion, Scission und Teileinbringung im französischen Handels- und Steuerrecht, in: Widmann/Mayer, Umwandlungsrecht, Band 4, nach § 28 Rdnr. 89.

353 Lamy Sociétés commerciales, Nr. 178.

354 Teichmann, Spaltung einer AG, Die AG 1985, 90.

sellschaften könnten sich die Gläubiger nur an die Gesellschaft halten, die die entsprechenden Passiva übernommen hat.[355] Dies soll eben durch die gesetzlichen Bestimmungen verhindert werden. Zu beachten ist aber, daß vor allem im Rahmen einer Spaltung zur Aufnahme eine Gefahr des wirtschaftlichen Ungleichgewichtes entsteht, da eine Prüfung des Wertes der Einbringung in die Nachfolgegesellschaften entfällt. Bei der Spaltung zur Neugründung müssen die allgemeinen Gründungsvorschriften eingehalten werden, die ein Mindestgrundkapital garantieren. Denkbar ist im letzteren Fall, daß angesichts der übertragenen Vermögensteile die finanzielle Lage einer bestimmten Nachfolgegesellschaft schwächer ist als bei den sonstigen übernehmenden Gesellschaften. Für im Spaltungsplan nicht zugewiesene Verbindlichkeiten haften die Nachfolgegesellschaften laut Rechtsprechung gesamtschuldnerisch.[356] Ist im Rahmen der Spaltung ein Kapitalherabsetzungsbeschluß durch die Hauptversammlung gefaßt worden, können die Gläubiger der übertragenden Gesellschaft innerhalb einer Frist von 30 Tagen gegenüber dem Handelsgericht Widerspruch einlegen (Art. 216 Abs. 1 und 2 des Gesetzes Nr. 66-537). Falls das Gericht diesem stattgibt, ordnet es die Erbringung einer Sicherheitsleistung seitens der übertragenden Aktiengesellschaft an. Bis diese erbracht ist, ist die Durchführung der Kapitalherabsetzung zu unterbrechen. Die Kapitalherabsetzung kann erst nach Ablauf der Widerspruchsfrist durchgeführt werden.[357]

2) Bei dem apport partiel d'actif

Das Verfahren richtet sich auf Grund der Verweisung des Art. 385 nach den Vorschriften über die scission.[358] Grundsätzlich haften die übertragende Gesellschaft und die Nachfolgegesellschaften gesamtschuldnerisch für die Verbindlichkeiten der gespaltenen Aktiengesellschaft.

---

355 Vgl. hierzu Hémard/Terré/Mabilat, a.a.O., Nr. 893 f., S. 662.

356 Siehe Cass. com. 7 décembre 1966, Sté Nouvelles des Forges et Atelier de Vence c. G. Duverne, Gaz. Pal. 1967, 253; Vgl. auch Hahn, GmbHR 1991, 242, 246.

357 Bézard, La société anonyme, Nr. 782, S. 193 f; Lamy Sociétés comerciales, Nr. 3602; Merle, Droit commercial, Rdnr. 570.

358 Neye, DB 1982, 365, 367.

IV) Arbeitnehmerschutz im Rahmen der Spaltung nach französischem Recht

1) Übergang der Arbeitsverhältnisse

Gemäß Art. L 122-12 Abs. 2 Livre Premier du Code de travail bleiben die Arbeitsverhältnisse der Arbeitnehmer auch bei einer Spaltung weiterhin bestehen.[359] Die Arbeitnehmer werden von den Nachfolgegesellschaften übernommen.[360] Insofern stimmt hier die französische Gesetzeslage mit Art. 11 der Sechsten Richtlinie der Europäischen Gemeinschaften vom 17.12.1982 i.V.m. Art. 3 Abs. 1 der Richtlinie 77/187/EWG überein.[361] Danach gehen die Rechte und Pflichten des Veräußers aus einem zum Zeitpunkt des Übergangs bestehenden Arbeitsvertrag oder Arbeitsverhältnis auf Grund des Übergangs auf den Erwerber über.

Nach Art. 386 Abs. 2 des Gesetzes vom 24.7.1966 können die Arbeitnehmer Widerspruch einlegen, falls diese noch offene Geldforderungen gegen die übertragende Gesellschaft haben. Dies betrifft allerdings nur Forderungen, die bis zum Vollzug der Spaltung entstanden sind. Nur durch Widerspruch bleiben diese Forderungen gegen die übertragende Gesellschaft bestehen. Ansonsten können sich die Arbeitnehmer nur an die Nachfolgegesellschaften halten. Dem Arbeitnehmer wird aber kein Widerspruchsrecht gegen seine Übernahme durch die Nachfolgegesellschaften eingeräumt.[362] Die Weigerung des Arbeitnehmers, für die neue Nachfolgegesellschaft

---

359 Bärmann, ZVglRWiss. 81 (1982), 251, 261 f. Sonnenberger/Dammann, Französisches Handels- und Wirtschaftsrecht, III 131, V 20, S. 160, 274; Langer, Arbeitsrechtliche Aspekte des Unternehmenserwerbs in: Unternehmenserwerb in Frankreich, S. 66 ff.; ders., Praxis des französischen Arbeitsrechts, S. 42; Bertrel/Jeantin, Acquisitions et fusions des sociétés commerciales, Rdnrn. 996 ff.

360 Bézard, La société anonyme, Nr. 818, S. 204; Siehe auch Siméon, Les fusions et scissions de sociétés, régime juridique et fiscal, S. 40 ff.; Merle, Droit commercial, Rdnr. 692.

361 Zur Richtlinie 77/187/EWG vgl. Richtlinie des Rates vom 14.2.1977 zur Angleichung der Rechtsvorschriften der Mitgliedstaaten über die Wahrung von Ansprüchen der Arbeitnehmer beim Übergang von Unternehmen, Betrieben oder Betriebsteilen, abgedruckt in ABl.EG Nr. L 61 S. 26 ff.

362 Vgl. Dalloz, Répertoire des Sociétés, unter fusion et scission, Nr. 76 ff.

tätig zu werden, führt zu einem Vertragsbruch und berechtigt seitens des Arbeitgebers zur Kündigung.[363]

Gemäß Art. L 432-1 Abs. 4 Code de travail i.V.m. Art. 354 des Gesetzes vom 24. Juli 1966 ist im Falle einer vorgesehenen scission oder fusion zwingend der Betriebsrat anzuhören.[364]

2) Plan social im Ramen einer scission

a) Gesetzliche Grundlage

Gemäß Art. 12 Abs. 1 des Accord national interprofessionnel sur la sécurité de l'emploi vom 10.2.1969 ist im Falle einer drohenden Kündigung von mehr als 10 Arbeitnehmern ein Sozialplan aufzustellen. Der Betriebsrat hat nach Art. 432-1 Livre Premier du Code de travail vor Spaltungsvollzug ein Informationsrecht. Nach Art. 10 Abs. 1 S. 3 ist der Betriebsrat zu informieren, sobald der Vorstand in der Lage ist, die Konsequenzen des angestrebten Spaltungsbeschlusses zu ersehen.

b) Schutz durch Art. 385 des Gesetzes vom 24. Juli 1966

Art. 385 ist mangels sonstiger Spezialvorschriften auch auf die Sozialplanansprüche anzuwenden. Art. 385 betrifft aber nur die sog. "Altgläubiger", d.h. die Gläubiger, deren Ansprüche vor Spaltungsvollzug entstanden sind.[365] Die Spaltung zur Neugründung ist vollzogen, wenn alle Nachfolgegesellschaften und die Auflösung der übertragenden Aktiengesellschaft im Handelsregister eingetragen sind.[366] Bei der scission zur Aufnahme ist die Spaltung mit Spaltungsbeschluß der Hauptversammlung

---

363 Dalloz, Répertoire des Sociétés, a.a.O., Nr. 79; Cass. soc. 24 nov. 1976, D.1977, Inf. rap. 35; Cass. soc. 12 janv. 1977, Bull. civ. V, Nr. 19; Cass. soc. 6 janv. 1972. Somm. 109.

364 Vgl. Javillier, Droit du travail, Nr. 456; Dalloz, Répertoire des sociétés, a.a.O., Nr. 76.

365 Hübner, Festschrift für Stimpel, S. 791, 800 f.; Neye, DB 1982, 365, 367.

366 Bärmann, ZVglRWiss. 81 (1982), 251, 260 f.; Baudeu/Bellargent, Fusion des sociétés, Juris classeur sociétés, Fasc. 164 G, Rdnr. 89; Lamy Sociétés commerciales, mise à jour 1988, unter K, Nr. 12.

vollzogen.[367] Die Spaltungswirkung ist endgültig eingetreten, wenn im Falle der Spaltung zur Neugründung die letzte Eintragung der Gründung der Nachfolgegesellschaften vorgenommen worden ist.[368] Fraglich ist, wie die Ansprüche der Arbeitnehmer zu behandeln sind, wenn der Spaltungsplan erst nach Vollzug der Spaltung abgeschlossen wird. Da Art. 385 nur für Sozialpläne gilt, die vor dem Spaltungsvollzug abgeschlossen wurden, tritt keine gesamtschuldnerische Haftung der Nachfolgegesellschaften ein. Die Folge ist, daß die Arbeitnehmer das Insolvenzrisiko der jeweiligen Nachfolgegesellschaft tragen. Die Arbeitnehmer können sich nur noch an die jeweilige Nachfolgegesellschaft halten, die die entsprechenden Verbindlichkeiten übernommen hat.

V) Unterschiede, die sich nach französischem Recht aus der Besonderheit des Kontextes "Privatisierung" gegenüber einer "herkömmlichen" Spaltung ergeben

1) Rolle der Hauptversammlung und des Vorstandes

Der Beschluß über die scission bedarf einer Dreiviertelmehrheit. Dies wird in der Regel auch der Fall sein bei einer Abspaltung oder Ausgliederung. Die wichtigste Grenze staatlicher Beteiligung liegt somit - im Rahmen einer société d'économie mixte - bei 75%. Darunter hat der Staat zwar einen wesentlichen Einfluß auf die Aktiengesellschaft, z.B. in dem ihm als Aktionär, im Falle mehrheitlicher Beteiligung, das Ernennungsrecht hinsichtlich des Président Directeur Général bei der klassischen Konstellation der Aktiengesellschaft mit "Conseil d'administration" zusteht. Eine Spaltung kann die öffentliche Hand aber nicht durchsetzen, solange eine Sperrminorität von mehr als 25% privater Anteilseigner existiert.[369] Sehr fraglich ist, ob eine Spaltung dazu führen kann, daß eine ursprüngliche Sperrminorität von mehr als 25% nach Ablauf des Spaltungsverfahrens in den Nachfolgegesellschaften nicht

---

367 Lamy Sociétés commerciales, mise à jour 1988, unter K, Nr. 12.

368 Baudeu/Bellargent, Fusion de sociétés, Juris-Classeur sociétés, Scission, Fasc. 164 G, Rdnr. 89, S. 16; Bärmann, ZVglRWiss. 81 (1982), 251, 260.

369 Zur Sperrminorität von Aktionären bei einer fusion oder scission vgl. Boizard, L'abus de minorité, Rev. des Soc., Nr. 106, 1988, S. 365, 366, 371.

mehr besteht. Sowohl bei der Aufspaltung als auch bei der Abspaltung erhalten die "alten" Aktionäre Anteile an den neuen Nachfolgegesellschaften. Bedeutend ist, ob im Rahmen dieses Verfahrens eine Sperrminorität aus einer Nachfolgegesellschaft verdrängt werden kann. Diese Frage ist gerade im Falle eines gemischt-wirtschaftlichen Unternehmens ("société d'économie mixte") sehr relevant, da sich die Möglichkeit ergibt, daß Private eine Sperrminorität von mehr als 25% bilden. Als Grundsatz gilt, daß sich die Hauptversammlungen in den Nachfolgegesellschaften aus denselben Anteilen zusammensetzen, wie dies in der Hauptversammlung der übertragenden Gesellschaft der Fall war (beteiligungswahrende Spaltung).[370] Möglich ist aber, daß sich die Aktionäre auf eine andere Verteilung einigen (beteiligungsverändernde Spaltung). Um der Gefahr entgegenzuwirken, daß dadurch aber die Sperrminorität verhindert wird, ist im französichen Recht einhellige Meinung, daß hierfür ein einstimmiger Beschluß der Aktionäre der übertragenden Gesellschaft erforderlich ist.[371] So kann eine Minderheit von 25% nicht einfach aus der Hauptversammlung einer Nachfolgegesellschaft verdrängt werden, in dem ihr z.B. mehr Anteile an einer anderen Nachfolgegesellschaft zugesprochen werden. Zu bemerken ist, daß diese hier behandelten Probleme sich nicht nur im Rahmen einer staatlichen Beteiligung stellen, sondern auch bei rein privater Beteiligung an einer Gesellschaft, jedoch mit überproportionaler Beteiligung eines einzelnen Aktionärs. Bei rein staatlicher Beteiligung des Staates besteht nach herrschender Auffassung keine Hauptversammlung mehr.[372] Dies erscheint insbesondere dann bedenklich, wenn der Staat mittelbar an Aktiengesellschaften beteiligt ist. Nicht immer entspricht das öffentliche Interesse dem konkreten Interesse der Gesellschaft.

Grundsätzlich richtet sich die Organisation einer Gesellschaft mit staatlicher Beteiligung nach den Gesetzen über Kapitalgesellschaften, wenn diese eine Gesellschaft privatrechtlicher Natur darstellt.[373] Dieser Grundsatz wird aber in der Praxis nicht immer beachtet.[374] Es können aber Konflikte zwischen den Interessen der Gesell-

---

370 Baudeu/Bellargent, a.a.O., Fasc. 164 G, Rdnr. 26, S. 6; Teichmann, Die AG 1980, 85, 91 f.

371 Vgl. dazu Teichmann, Die AG 1980, 85, 91 f.; Baudeu/Bellargent, a.a.O., Fasc. 164 G, Rdnrn. 25 ff.; S. 6.

372 Linotte, Juris-Classeur Civil Annexes III, Fasc. 155, Nr. 175.

373 Buffelan, Juris-Classeur Civil Annexes III, Fasc. 157, Nr. 35.

374 Siehe hierzu Dufau, Les entreprises publiques, S. 61, 88 ff.

schaft und dem Gemeininteresse ("intérêt général") entstehen.[375] Während die privaten Aktionäre grundsätzlich Gewinn erstreben, verfolgt der Staat als Aktionär auch andere Ziele.[376] So kann für die öffentliche Hand die Beibehaltung von Arbeitsplätzen oder die Förderung von bestimmten wirtschaftlich schwachen Regionen vorrangig sein. Es ist jedoch herrschende Auffassung, daß der Vorstand nicht nur die in der Satzung festgesetzten Zwecke zu beachten hat, sondern auch das Gemeininteresse. Dies wird als eine Konsequenz staatlicher Beteiligung angesehen.[377] Diese für einen deutschen Juristen frappierende Betrachtungsweise läßt sich nur anhand des traditionellen französischen Staatsverständnisses erklären.[378] Der französische Staat hat sich im Laufe der Jahrhunderte immer um eine starke Kontrolle über die Wirtschaftsunternehmen bemüht, auch im liberalen Zeitalter. Dies führt dazu, daß das französische Wirtschaftsrecht sowohl unter einem liberalen als auch interventionistischen Gesichtspunkt aufgefaßt wird.[379]

2) Anfechtungsmöglichkeiten durch einzelne Aktionäre

Diese besteht nach wie vor. Ein Spaltungsverfahren kann in der Weise um Jahre verzögert werden. Falls der Staat mindestens 75% der Anteile besitzt, ist dies der einzige Schutz für die Minderheit privater Anteilseigner. Da der Spaltungsbeschluß eine Dreiviertelmehrheit voraussetzt, steht einer solchen Minderheit faktisch keine Mitwirkungsmöglichkeit gegenüber dem staatlichen Großaktionär in der Hauptversammlung zu.

---

375 Buffelan, a.a.O., Nr. 37 ff.; Dufau, Les entreprises publiques, S. 89 f.

376 Dufau, Les entreprises publiques, S. 89.

377 Sehr kritisch hierzu Dufau, Les entreprises publiques, S. 62. Dieser schreibt: "On peut dire en definitive, qu'au contact des sociétés d'économie mixte, la notion de société anonyme a été complètement dénaturée".

378 Hierzu Dufau, Les entreprises publiques, S. 25 ff.; ausführlich zum historischen Hintergrund Chevallier, Les entreprises publiques en France, S. 14 ff.

379 Fromont, Bericht über das französische Wirtschaftsrecht, in: Kommission der EG, Studien, Band 2, S. 13, 15. Dieser vertritt die Auffassung, daß die Prinzipien des Wirtschaftsrechts im wesentlichen auf zwei grundsätzliche Orientierungen zurückzuführen seien, einerseits die Achtung vor der Freiheit des Unternehmers, andererseits die Aufgabe des Staates, zur wirtschaftlichen und sozialen Entwicklung beizutragen.

3) Gläubiger- und Arbeitnehmerschutz

Hier ergeben sich keine Unterschiede zu einer herkömmlichen Spaltung. Nach der Privatisierung ist der Staat grundsätzlich von seiner Stellung als ursprünglicher Aktionär befreit. Es tritt der Gläubigerschutz nach dem Gesetz von 1966 ein. Danach haften die Nachfolgegesellschaften im Ergebnis solidarisch. Eine Rückgriffsmöglichkeit auf den Staat besteht nicht, da sich die Haftung allein nach privatrechtlichen Vorschriften richtet. Als Aktionär ist der Staat grundsätzlich einem Privaten gleichgestellt.

VI) Gründe für das Fehlen praktischer Fälle einer scission zum Zwecke der Privatisierung in Frankreich

Nachdem das französische Spaltungsverfahren zwecks Privatisierung dargestellt und untersucht wurde, stellt sich die Frage, weshalb von dieser Möglichkeit kein Gebrauch gemacht wird, obwohl sie gesetzlich vorgesehen und geregelt ist. Die Spaltung als solche findet in Frankreich großen Anklang.[380] Auch ist das Privatisierungsverfahren allgemein ein üblicher Vorgang, der spätestens immer wieder nach jeder Verstaatlichungswelle in Erscheinung tritt. Um so unverständlicher ist es, daß die Spaltung zwecks Privatisierung nur theoretisch existiert. Worin liegt die Unattraktivität dieses Verfahrens? Die Befragung von mehreren französischen Praktikern und Wissenschaftlern ergab, daß es bis heute keinen Anlaß zu einer Spaltung zwecks Privatisierung gab. Konkrete Anhaltspunkte zu den Ursachen konnten aber nicht genannt werden. Solche könnten aber zum Beispiel in der Höhe der Kosten eines solchen Verfahrens oder in der hierfür erforderlichen Zeit liegen. Da jedoch die Kosten und der Zeitaufwand einer scission denen der häufig praktizierten Fusion entsprechen, ist diese Erklärung nicht überzeugend. Zu berücksichtigen ist, daß im Falle eines gemischt-wirtschaftlichen Unternehmens die Anfechtungsgefahr durch

380 Es werden in der französischen rechtswissenschaftlichen Literatur viele mögliche Gründe für die Durchführung einer scission genannt. Die scission wurde sogar von Gesellschaften als Methode eingesetzt, um auf diese Weise einer Verstaatlichung zu entgehen. Vgl. hierzu Baudeu/Bellargent, a.a.O., Fasc. 164 G, Rdnr. 11, S. 4 f.

einen einzelnen Aktionär mit allen ihren Folgen droht. Dieses Problem stellt sich aber auch bei der Durchführung einer Fusion unter Beteiligung von gemischt-wirtschaftlichen Unternehmen.
Plausibler erscheint folgende Erklärung: Der Gesetzgeber wollte der Vollständigkeit halber alle Möglichkeiten von Privatisierungsmethoden abschließend in Art. 1 des Gesetzes von 1986 aufgezählt haben. Einige von diesen Möglichkeiten bleiben aber wegen fehlenden Anlasses rein theoretische Erwägungen, so die Methode der scission. Die Spaltung zwecks Privatisierung entspricht zwar der Situation in Ost-Deutschland, da sich in Frankreich aber kaum Unternehmen in einem solchen desolaten Zustand befinden, ist diese Methode bis heute nicht angewandt worden. Bedeutsam ist schließlich, daß die Spaltung in der ehemaligen DDR wegen der zahlreichen damaligen Zwangsfusionierungen von Unternehmen offensichtlich völlig verschiedener Produktionszweige erforderlich wurde.

DRITTER TEIL: VERGLEICH ZWISCHEN DER RECHTSLAGE IN DEUTSCHLAND UND FRANKREICH

A) Vergleich der beiden Rechtssysteme

Das SpTrUG und der Diskussionsentwurf des Bundesministeriums der Justiz beruhen auf denselben Grundprinzipien. Beide folgen u.a. den Grundsätzen der Gesamtrechtsnachfolge, der Auflösung der übertragenden Gesellschaft ohne Liquidation im Falle der Aufspaltung, dem Bedürfnis eines Spaltungsplans und eines einheitlichen Spaltungsbeschlusses. Es wurde im Rahmen der Schaffung des SpTrUG auf die Vorschriften der §§ 138 ff. des Diskussionsentwurfs zurückgegriffen.[381] Auch ist zu berücksichtigen, daß beide Gesetzeswerke im Einklang mit der Sechsten Richtlinie der Europäischen Gemeinschaften vom 17.12.1982 stehen mußten. Da diese wiederum stark vom französischen Recht beeinflußt wurde, wird zwingenderweise auch eine Ähnlichkeit zu dieser Rechtsordnung gegeben sein. Dies führt dazu, daß sich der Vergleich Deutschland-Frankreich, was das SpTrUG und die Entwürfe des BMJ anbetrifft, weitgehend auf Detailfragen erstrecken wird. Der Vergleich bei Zugrundelegung des heutigen deutschen Rechts (außerhalb des SpTrUG) hingegen wird verdeutlichen, wie notwendig die Einführung eines Spaltungsgesetzes ist.

I) Vergleich der Spaltungsgrundsätze in den beiden Ländern

1) Aufspaltung

Diese Form der Spaltung existiert in beiden Rechtssystemen. Im Rahmen der Sechsten Richtlinie des Rates der Europäischen Gemeinschaften vom 17.12.1982 betreffend die Spaltung von Aktiengesellschaften ist nur diese Spaltungsart vorgesehen. In Deutschland ist diese bis heute leider noch nicht gesetzlich geregelt, abgesehen vom Privatisierungsverfahren der Treuhandanstalt. Ein wesentlicher Unterschied zwischen

---

381 Siehe BR-Drucks. 71/91 vom 8.2.1991, Gesetzentwurf der Bundesregierung, Entwuf eines Gesetzes über die Spaltung der von der Treuhandanstalt verwalteten Unternehmen, S. 17 f.; vgl. auch Niederleithinger, ZIP 1991, 205, 215.

der Spaltung nach heutigem deutschen Recht (außerhalb der Treuhandanstalt) und dem französischen Recht besteht in der Auflösung der übertragenden Aktiengesellschaft: Während nach französichem Recht und auch nach dem SpTrUG (§ 1 Nr. 1 SpTrUG) und den Entwürfen des BMJ (§ 138 Abs. 1 DisE und § 123 Abs. 1 RefE) die Auflösung ohne anschließende Liquidation der übertragenden AG erfolgt, wird diese nach heutigem Recht zwingend der Abwicklung unterzogen. Dies hängt damit zusammen, daß nach heutigem deutschen Recht das Gesellschaftsvermögen im Rahmen einer Einzelrechtsübertragung auf die Nachfolgegesellschaften übergeht, im Gegensatz zur Spaltung im Rahmen des SpTrUG und der Entwürfe des BMJ. Das Gesellschaftsvermögen soll gerade als Ganzes auf die Nachfolgegesellschaften übergehen und eben nicht im Rahmen einer Abwicklung separiert werden. Eine Abwicklung im Rahmen der Spaltung nach heutigem deutschem Recht bringt sehr hohe Kosten und einen größeren Zeitaufwand mit sich. Insbesondere im Liegenschaftsrecht wird der Unterschied sehr deutlich. Im Rahmen einer Gesamtrechtsnachfolge genügt eine bloße Grundbuchänderung. Eine Aufspaltung mit anschließender Liquidation der übertragenden Gesellschaft ist mit dem Wesen einer Spaltung somit nicht in Einklang zu bringen, genauso wenig wie die Tatsache, daß nach heutigem deutschen Recht immer noch die Grundsätze der Einzelrechtsnachfolge für die Übertragung des Gesellschaftsvermögens gelten.

2) Abspaltung

Diese Form der Spaltung könnte weitaus attraktiver sein als diejenige der Aufspaltung.[382] Die Tatsache, daß das übertragende Unternehmen weiterhin bestehen bleibt, ermöglicht eine Spaltung, bei der die Zahl der zu gründenden Gesellschaften niedriger ist als bei der Aufspaltung. In den meisten Fällen wird die Gründung einer Nachfolgegesellschaft ausreichend sein.[383] Der Reiz der Abspaltung liegt in erster Hinsicht in den geringeren Gründungskosten. Auch der Arbeits- und Zeitaufwand für die Gründung von Nachfolgegesellschaften reduziert sich insgesamt bei dieser Verfahrensart. Da die Abspaltung im Ergebnis ebenfalls zu einer Entflechtung führt,

382 So auch die Begründung des BMJ zum DisE, S. 3 und zum RefE, S. 4.

383 Ising/Thiell, DB 1991, 2021, Fn. 1 bezüglich der Treuhandanstalt.

ist sie sowohl in Deutschland als auch in Frankreich in der Praxis häufiger anzutreffen.[384] Auch die Spaltungen der Varta-AG und Löwenbräu-AG erfolgten im Wege der Abspaltung.[385] Ein Einwand gegen die Bevorzugung der Abspaltung gegenüber der Aufspaltung könnte jedoch darin liegen, daß die verbleibende übertragende Gesellschaft weiterhin ihren unter Umständen schlechten wirtschaftlichen Ruf beibehält. Im Falle der Aufspaltung treten hingegen ausschließlich neue Gesellschaften aus der Umwandlung hervor.

3) Ausgliederung

Es erscheint sonderbar, daß das französische Recht der Ausgliederung so wenig eigenständige Bedeutung beimißt. In Deutschland wird die Ausgliederung als die geeignete Methode angesehen, die zur Gründung von Tochtergesellschaften führt. Dies wird dadurch erreicht, daß die Anteile an der neu gegründeten Gesellschaft nicht den Aktionären der übertragenden Gesellschaft zukommen, sondern unmittelbar in das Vermögen dieser Gesellschaft fließen. Wie schon erläutert ist dies auch in Frankreich möglich. Das Recht differenziert jedoch nicht zwischen der Abspaltung und der Ausgliederung. Auf die letztere Spaltungsart sind die Vorschriften über den apport partiel d'actif anwendbar.[386]

II) Vergleich des Spaltungsverfahrens in Frankreich und Deutschland

1) Vorüberlegung

Bemerkenswert ist die Tatsache, daß nach SpTrUG, den Entwürfen des BMJ und dem französischen Recht ein einheitlicher Spaltungsbeschluß von der Hauptversammlung gefaßt wird. In der Regel wird bei einer Spaltung zur Neugründung gleichzeitig die Gründung der neuen Nachfolgegesellschaften beschlossen. Dem hier erforderlichen

---

384 In Frankreich hat der apport partiel d'actif weitaus mehr Anklang gefunden als die scission. Vgl. hierzu Bärmann, ZVglRWiss. 81 (1982), 251, 262.

385 Siehe 1. Teil, A II.

386 Hémard/Terré/Mabilat, a.a.O., Nr. 790.

Spaltungsplan ist eine besondere Bedeutung beizumessen. Dieser ist u.a. maßgebend für die Verteilung der Aktiva und Passiva auf die Nachfolgegesellschaften und stellt somit das "Kernstück" des Spaltungsverfahrens dar. In Deutschland und Frankreich wird er vom Vorstand bzw. "Conseil d'administration" oder "Directoire" aufgestellt. Der Inhalt des Spaltungsplans richtet sich nach den Voraussetzungen des § 3 Abs. 2 der Sechsten Richtlinie der Europäischen Gemeinschaften betreffend die Spaltung von Aktiengesellschaften vom 17.12.1982. Auch das Umtauschverhältnis der Aktien ist darin geregelt.
In Frankreich wird der C.O.B. ein Kontrollrecht eingeräumt. Insbesondere die Verteilung der Anteile der Nachfolgegesellschaften an die Aktionäre der übertragenden Gesellschaft, aber auch die genaue Bewertung der Aktiven und Passiven sollen beaufsichtigt werden. Dies dient vor allem dem Minderheitenschutz im Rahmen der übertragenden Gesellschaft.[387]
Im deutschen Recht bleibt der Minderheit nur der Weg der gerichtlichen Klage, falls sie der Auffassung ist, die Verteilung der Anteile oder die Bewertung der Aktiven und Passiven seien nicht ordnungsgemäß erfolgt. Nach dem Diskussions- und Referentenentwurf ist aber eine Klage hinsichtlich eines unangemessenen Umtauschverhältnisses der Anteile ausgeschlossen.
In Deutschland und Frankreich vergleichbar ist das Problem der Spaltungsprüfung mit einer eventuellen Haftung des Sachverständigen im Falle fehlerhafter Prüfung. Während in Frankreich eine deliktische Haftung der Sachverständigen in Frage kommt, ist im deutschen Recht eine solche Haftung auf Grund der Grundsätze des Vertrags mit Schutzwirkung zugunsten Dritter begründet. Nur unter besonderen Umständen kommt eine Haftung aus § 826 BGB hinzu.
Die C.O.B. spielt in Frankreich eine sehr wichtige Rolle.[388] Diese empfiehlt nicht nur die enstprechende Anwendung der scission-Vorschriften im Falle einer Abspaltung oder Ausgliederung, sie überprüft auch selbständig die Bewertung der Aktiva und Passiva und der Umtauschverhältnisse. Ziel und Zweck der C.O.B. ist der Schutz der

387 Bézard, La société anonyme, Nr. 809, S. 201.

388 Zu den Mitteln, die der C.O.B. zustehen, siehe Sonnenberger/Dammann, Französisches Handels- und Wirtschaftsrecht, III 109, S. 151. Diese Mittel sind u.a. Einsichtsrecht in die Geschäftsgrundlagen, Einleitung von Strafverfahren und Weigerung der Genehmigung bezüglich der Neuemissionen von Aktien.

Aktionäre, insbesondere der Minderheiten und der Gläubiger. Gerade im Falle eines gemischt-wirtschaftlichen Unternehmens, an dem der Staat überwiegend beteiligt ist, könnte eine Überprüfung durch die C.O.B. zugunsten einer Minderheit Privater relevant sein. Andererseits ist zu bedenken, daß es sich dann um eine Überprüfung staatlichen Handelns durch ein staatliches Organ der Exekutive handelt.
Dies relativiert die Effizienz der C.O.B. in einem solchen Fall.
Allen Rechtsordnungen gemeinsam ist die vorgeschriebene Anwendung der allgemeinen Gründungsvorschriften hinsichtlich der neu zu gründenden Nachfolgegesellschaften. In erster Linie soll die "Lebensfähigkeit" dieser Gesellschaften garantiert werden. Die Mindestkapitaleinlagepflicht soll vor allem verhindern, daß eine Nachfolgegesellschaft zwecks "geplanten" Konkurses nur mit Schulden überhäuft wird. Wird in Frankreich die Nachfolgegesellschaft nur mit der Sacheinlage der übertragenden Gesellschaft gegründet, entfällt jedoch die Notwendigkeit einer Gründung durch insgesamt sieben Beteiligte. Dadurch, daß die übertragende Aktiengesellschaft als alleinige Gründerin auftreten kann, soll eine Vereinfachung des Gründungsverfahren herbeigeführt werden.[389] Ohne diese Regelung müßten "Strohmänner" als Gründer auftreten, um die Anteile anschließend auf die übertragende Gesellschaft zu übertragen. Auch ist in dem Fall die Einlageprüfung entbehrlich. Dies ist damit zu erklären, daß die gesamtschuldnerische Haftung aller Nachfolgegesellschaften den Gläubigern den Zugriff auf alle Nachfolgegesellschaften gewährt. Eine "Abwälzung" der Schulden auf eine dann nicht mehr lebensfähige Nachfolgegesellschaft wäre sinnlos. Somit stellt sich die Frage, ob die zwingende Anwendung der Gründungsvorschriften im SpTrUG und in beiden Entwürfen des BMJ angesichts der gesamtschuldnerischen Haftung der Nachfolgegesellschaften noch sinnvoll ist. Dieser gesetzliche Zwang könnte als übertriebener Gläubigerschutz betrachtet werden. Die Gläubiger genießen durch die gesamtschuldnerische Haftung der Nachfolgegesellschaften (und der übertragenden Gesellschaft im Falle einer Abspaltung oder Ausgliederung) hinreichenden Schutz. Die "Lebensfähigkeit" der einzelnen Nachfolgegesellschaften ist nicht zwingende Voraussetzung für eine Befriedigung ihrer Gläubiger. Im Hinblick auf den Gläubigerschutz ist die Anwendung der allgemeinen Gründungsvorschriften nicht maßgebend. Beim Arbeitnehmerschutz könnte diese

389 Siehe 2. Teil, III 1 a bb.

Frage jedoch anders zu behandeln sein. Wenn Arbeitsverhältnisse im Rahmen des § 613a Abs. 1 S. 1 BGB auf eine Nachfolgegesellschaft übergehen, die notgedrungen in Konkurs geraten wird, so erleiden die Arbeitnehmer erhebliche Nachteile. Zwar haften im Falle der Zahlungsunfähigkeit die sonstigen Nachfolgegesellschaften und die übertragende Gesellschaft bei Abspaltung und Ausgliederung für die vor Spaltungsvollzug begründeten Verbindlichkeiten gegenüber den Arbeitnehmern, die Arbeitsverhältnisse werden jedoch nicht übernommen. Die zwingende Anwendung der Gründungsvorschriften ist somit im Ergebnis unter diesem Aspekt nicht überspitzt. Es besteht sogar ein begründetes Interesse daran.

2) Das Problem der Mitwirkung der Hauptversammlung bei der Abspaltung und Ausgliederung

Während unter den Begriff Spaltung in Deutschland auch die Abspaltung fällt, umfaßt der französische Begriff der scission diese nicht. Die Sechste Richtlinie der Europäischen Gemeinschaften vom 17.12.1982 betreffend die Spaltung von Aktiengesellschaften behandelt in erster Hinsicht die Aufspaltung. Die Richtlinie sieht aber in Art. 25 auch die Abspaltung vor. Danach sind auf diese die Bestimmungen zur Aufspaltung entsprechend anwendbar.[390] Die primäre Behandlung der Aufspaltung ist dadurch zu erklären, daß diese Richtlinie sehr stark auf das französische Recht aufbaut.[391]

Die Regeln über die scission sind zwar im französischen Recht bei einer Abspaltung oder Ausgliederung (apport partiel d'actif) entsprechend anwendbar gemäß Art. 387, eine Vereinbarung hierüber ist jedoch nicht zwingend. Dies bedeutet, daß im Falle der Nichtanwendbarkeit der Regeln über die scission ein Beschluß der Hauptversammlung gar nicht erforderlich wäre. Hieraus könnte sich ein wesentlicher Unterschied zum deutschen Recht ergeben.

Auf den ersten Blick ist die Tatsache, daß eine Abspaltung oder eine Ausgliederung sich ohne Mitwirkung der Hauptversammlung abspielen kann, für einen deutschen Gesellschaftsrechtler befremdend. Es ist aber zu bedenken, daß bis zum Holzmüller-

---

390 Insofern nicht zutreffend Herzig/Dautzenberg/Heyeres, DB Beilage Nr. 12/91, S. 15.

391 Vgl. hierzu Moreau/Guyénot, Traité pratique des sociétés commerciales, Tome III, Rdnrn. 1406 ff.

Urteil des Bundesgerichtshofs auch in Deutschland eine Ausgliederung ohne Mitwirkung der Hauptversammlung möglich war. Zwar war es üblich, daß die Hauptversammlung einen Beschluß darüber faßte, rechtlich zwingend war dies jedoch nicht.[392] Erst seit der Holzmüller-Entscheidung hat die Hauptversammlung ein durch richterliche Fortbildung gewährtes Mitwirkungsrecht. Ein entsprechendes Urteil zu dieser Problematik existiert in Frankreich nicht. Fraglich ist, ob eine solches auch in Frankreich erforderlich wäre, falls die Beteiligten die Nichtanwendung der scission-Vorschriften vereinbaren. Falls das übertragene Vermögen bei Abspaltung und Ausgliederung nicht aus Reserven stammt, bedarf es eines Kapitalherabsetzungsbeschlusses der Hauptversammlung. Danach ist hier eine Dreiviertelmehrheit erforderlich. Im Ergebnis kann die Hauptversammlung die Abspaltung oder Ausgliederung somit dadurch verhindern, daß keine qualifizierte Mehrheit für eine Kapitalherabsetzung zustandekommt. Sehr bedenklich ist die Rechtslage, wenn eine Kapitalherabsetzung nicht erforderlich ist. Da hier kein Kapitalherabsetzungsbeschluß gefaßt wird, hat die Hauptversammlung in dieser Fallkonstellation überhaupt keine Mitwirkungsrechte. Hier wäre eine gerichtliche Entscheidung wie das Holzmüller-Urteil vonnöten, um die Interessen der Hauptversammlung zu wahren. So müßte die Mitwirkung der Hauptversammlung zwingend sein, wenn die ausgegliederten Vermögensteile nicht unbedeutend sind oder - was eher in die Richtung der Holzmüller-Entscheidung ginge - bezüglich der wichtigsten Teile des Gesellschaftsvermögens.

Zu bemerken ist jedoch, daß bei dem im Rahmen dieser Arbeit zu untersuchenden Verfahren der Privatisierung die Möglichkeit besteht, daß alle Anteile an dem zu privatisierenden Unternehmen sich in öffentlicher Hand befinden. In diesem Fall verliert die Hauptversammlung allgemein an Bedeutung. Die Beteiligung der Hauptversammlung ist in diesem Fall eine vom Gesetzgeber festgesetzte Formalie. Der Unterschied zwischen dem französischen und dem deutschen Recht wird erst ersichtlich, wenn Inhaber der Anteile der zu spaltenden Gesellschaft nicht nur die öffentliche Hand, sondern auch Private sind. Diese Fallkonstellation liegt nach der hier vertretenen Definition des staatlichen Unternehmens dann vor, wenn die öffentliche

---

392 Vgl. hierzu die Ausgliederungsbeispiele bei Lutter, Festschrift für Fleck, S. 169 ff., 173.

Hand mehr als 50% der Aktien besitzt.[393] Hier weicht das französische Recht vom deutschen erheblich ab, da im Falle der Nichtbeteiligung der Hauptversammlung diese Minorität von Privaten schutzlos den Entscheidungen der öffentlichen Hand "ausgeliefert" wäre. Bei Beteiligungsmehrheit der öffentlichen Hand bestellt diese mit einfacher Stimmenmehrheit die Aufsichtsratsmitglieder gemäß § 84 Abs. 1 AktG. Diese wiederum bestimmen den Vorstand nach § 101 Abs. 1 AktG, der dann - im Rahmen des Gesellschaftszwecks - dazu geneigt sein wird, den Interessen des staatlichen Aktionärs gerecht zu werden. In diesem Fall bedarf die Minderheit privater Aktionäre eines umfassenden Schutzes. Dieser könnte darin liegen, daß die Hauptversammlung grundsätzlich einen Beschluß über eine Abspaltung oder Ausgliederung zu fassen hat. In erster Hinsicht schützt dies nur eine Minderheit, die eine Sperrminorität von mehr als 25% bilden kann, um den Spaltungsbeschluß zu verhindern. Aber auch wenn die Aktionärsminderheit den Beschluß nicht sperren kann, verbleibt ihr immer noch die Möglichkeit einer Anfechtungsklage. Dieser Schutz scheidet aus, wenn die Hauptversammlung nicht mitwirken kann, wie dies im französischen Recht der Fall sein kann. Gerade im deutschen Recht wird die Hauptversammlung als fundamentales Organ einer Aktiengesellschaft behandelt.[394]
In den Entwürfen des BMJ wird der Einfluß der Hauptversammlung jedoch unter bestimmten Voraussetzungen ebenfalls gemindert. Bemerkenswert im Hinblick auf die Rechtsvergleichung ist § 204 Abs. 1 des Diskussionsentwurfs. Danach sind bei einer Ausgliederung die Prüfung, die Bekanntmachung des Ausgliederungs- und Übernahmevertrags oder des Ausgliederungsplans, der Ausgliederungsbericht und sogar der Ausgliederungsbeschluß nicht erforderlich, wenn die insgesamt zu übertragenden Vermögenswerte der übertragenden Aktiengesellschaft abzüglich der zu übertragenden Verbindlichkeiten weniger als 10% des Überschusses der Aktivseite der Schlußbilanz über deren Passivseite oder weniger als 10% des Grundkapitals ausmachen. In Frankreich erfolgt eine entsprechende Anwendung der scission-Vorschriften nach den Empfehlungen der C.O.B. vor allem bei größeren Vermögensübertragungen. Bei kleineren Vermögensübertragungen wird es somit - im Endeffekt

393 Vgl. die Erläuterungen zum Begriff des staatlichen Unternehmens, 1. Teil, A I 3.

394 Vgl. allgemein hierzu v. Rechenberg, Die Hauptversammlung als oberstes Organ der Aktiengesellschaft, S. 1 ff.; Martens, ZHR 147 (1983), 377 ff.; Obermüller/Werner/Winden, Die Hauptversammlung der Aktiengesellschaft; Werner, ZHR 147 (1983), 429-453.

wie nach § 204 E - keine Mitwirkung der Hauptversammlung geben. Dies soll der Vorstand allein entscheiden können. Darüber hinaus betrachtet das französische Recht von vornherein Vermögensübertragungen unter 10% des Wertes der eingeräumten Gesellschaftsrechte als nicht unter die scission fallend.[395] Dies entspricht der Rechtslage nach dem Diskussionsentwurf des BMJ. Leider wurde diese Bestimmung nicht in den Referentenentwurf des BMJ übernommen. Der Gesetzgeber läßt gemäß § 141 RefE den Ausgliederungsbeschluß der Hauptversammlung nur entfallen, wenn nicht eine Aktionärsminderheit von mindestens 5% des Grundkapitals dies ausdrücklich verlangt. Aber auch zum heutigen geltenden deutschen Recht besteht kein Unterschied, da nach ständiger Rechtsprechung ein Beschluß der Hauptversammlung nur bei Ausgliederung des wertvollsten Teils eines Betriebes in Frage kommt.[396] In diesem Punkt unterscheiden sich im Ergebnis die deutsche und die französische Rechtslage nicht. Sinn und Zweck dieser Regelungen ist es, daß der Vorstand bei der deutschen Aktiengesellschaft, der "Conseil d'administration" oder "Directoire" bei der französischen Aktiengesellschaft, einen bestimmten Handlungsspielraum haben, was den Umgang mit kleineren Vermögenswerten anbetrifft. Bei "kleineren" Spaltungen ist dies zu begrüßen, da der Vorstand dann schnell entscheiden und handeln kann, ohne den gesamten Verfahrensablauf mit Beteiligung der Hauptversammlung abwarten zu müssen. Der Vorstand ist in dem Fall flexibler. Angesichts der kleineren Vermögenswerte, um die es sich hier handelt, geht die übertragende Gesellschaft ein entsprechend geringes wirtschaftliches Risiko ein. Deshalb ist es verwunderlich, daß im Referentenentwurf der Gesetzgeber die Grenze niedriger angesetzt hat als im Diskussionsentwurf.

---

395 Siehe hierzu Tillmanns, Umwandlung, Fusion, Scission und Teileinbringung im französischen Handels- und Steuerrecht, in: Widmann/Mayer, Umwandlungsrecht, Band 4, nach § 28 Rdnr. 54.

396 Siehe Holzmüller-Entscheidung, BGHZ 83, 122 = WM 1982, 388.

3) Übergang des Gesellschaftsvermögens

Die Einführung einer Gesamtrechtsnachfolge in Deutschland bei der Spaltung von Gesellschaften (außerhalb der Treuhandtätigkeit) wäre aus Praktikabilitätsgründen sehr empfehlenswert.[397] Der durch die Einzelrechtsnachfolge verursachte Arbeitsaufwand ist enorm, vor allem in Hinsicht auf die Übertragung des Eigentums an Grundstücken. Auch die Kosten liegen im Rahmen der Einzelrechtsnachfolge sehr viel höher als bei einer Gesamtrechtsnachfolge.[398] Das französische Recht kennt die Universalsukzession im Rahmen der Spaltung seit dem Gesetz von 1966. Davor hatte sich jedoch eine Rechtsprechung zur Spaltungsproblematik entwickelt. Die Vereinbarung einer Gesamtrechtsnachfolge zwischen der übertragenden und der übernehmenden Gesellschaft war vertraglich möglich. Dies hängt damit zusammen, daß das französische Sachenrecht keinen numerus clausus kennt, wie dies im deutschen BGB der Fall ist. Dazu kommt, daß das Abstraktionsprinzip dem französischen Recht fremd ist. Mit Abschluß des Verpflichtungsgeschäfts geht das Eigentum "automatisch" über, ohne daß es einer besonderen sachenrechtlichen Übertragung bedürfte.[399] Heute erfolgt eine Gesamtrechtsnachfolge bei Spaltungen im Rahmen der Treuhandtätigkeit, allerdings nur bei der Auf- und Abspaltung, nicht bei der Ausgliederung (wenn die Ausgliederung als Methode einer Privatisierung eingesetzt werden sollte). Beide Entwürfe des BMJ sehen eine Gesamtrechtsnachfolge bei allen drei Arten der Spaltung vor. Diese geplante Regelung stellt eine Ausnahme vom deutschen Grundsatz dar, daß der übertragende Rechtsträger im Rahmen einer Gesamtrechtsnachfolge immer erlöschen muß.[400] Bei der Abspaltung und Ausgliederung bleibt die übertragende Gesellschaft ja bestehen.

---

397 Siehe hierzu K. Schmidt, Festschrift für Heinsius, S. 715 f.

398 Vgl. hierzu Kropff, Festschrift für Geßler, S. 111, 121; Zu den Kosten vgl. auch Gäbelein, BB 1989, 1420, 1423; Himmelreich, Unternehmensteilung, S. 93; Fritz, Die Spaltung von Kapitalgesellschaften, S. 42.

399 Vgl. Hahn, GmbHR 1991, 242, 251; Ferid/Sonnenberger, Das französische Zivilrecht, Band 2, 3 A16, 3 A20, S. 517, 519; Hamel/Lagarde, Traité de Droit commercial, Band 1, Nr. 767; Juglart/Hippolito, Cours de Droit commercial, Band 2, Nr. 929, 934.

400 Kropff, a.a.O., S. 122.

4) Anfechtungsmöglichkeiten von Beschlüssen

Sowohl die zur Durchführung der Spaltung erforderlichen Hauptversammlungsbeschlüsse im noch heutigen Recht als auch der Spaltungsbeschluß nach dem SpTrUG und den Entwürfen des BMJ bedürfen einer konstitutiven Eintragung mit der Folge, daß eine Anfechtung unter Umständen die Eintragung und hiermit den Vollzug der Spaltung bis zur endgültigen gerichtlichen Entscheidung verhindern kann. Dies stellt allerdings kein nur spaltungsspezifisches Problem dar und wird dementsprechend kurz behandelt. In Frankreich hat die Eintragung des Spaltungsbeschlusses grundsätzlich keine konstitutive, sondern nur deklaratorische Wirkung. Eine Ausnahme besteht dann, wenn es sich um eine Aufspaltung, Abspaltung oder Ausgliederung durch Neugründung handelt. Denn die aufnehmenden Gesellschaften müssen erst noch gegründet werden. Die Eintragung des Spaltungsbeschlusses hat in diesem Fall konstitutiven Charakter, da der Spaltungsbeschluß hier auch den Gründungsbeschluß hinsichtlich der neuen Gesellschaften enthält. Das Registergericht kann die Eintragung aussetzen, so daß eine Spaltung zunächst nicht vollendet werden kann. Eine Anfechtung kann somit bei dieser Fallkonstellation dieselbe Wirkung haben wie in Deutschland. Sehr zu begrüßen sind die Vorschriften der § 14 DisE bzw. § 14 Abs. 1 und 2 RefE. Indem eine Anfechtungsklage nicht auf einem unangemessen Anteilsaustausch gestützt werden kann, soll einem der "typischen" Anfechtungsgründe der Boden entzogen werden.

5) Beteiligungsverhältnisse an den Nachfolgegesellschaften

Die Entwürfe des BMJ und das französische Recht sehen die Möglichkeit einer beteiligungsändernden Spaltung vor. Um den Gefahren entgegenzuwirken, die hiermit verbunden sind, setzt das französische Recht einen einstimmigen Beschluß der Aktionäre voraus. Im Gegensatz zum Diskussionsentwurf ist der Referentenentwurf dem französischen Modell gefolgt. Zu bedenken ist, daß im Falle des Einstimmigkeitserfordernisses in der Praxis eine verhältnisverändernde Spaltung nur noch selten in Betracht käme. Dies spricht für die Lösung des Diskussionsentwurfs des BMJ.[401] Die Verschärfung der Voraussetzungen im Referentenentwurf ist deshalb überraschend. Der Diskussionsentwurf gewährt den Minderheitsaktionären im Falle einer beteiligungsverändernden Spaltung gegen deren Willen ein Widerspruchsrecht mit der Wirkung, daß diesen eine angemessene Abfindung gegen Erwerb der Anteile zusteht (vgl. § 147 S. 1 DisE). Zwar werden im letzteren Fall die Minderheitsaktionäre vor finanziellen Einbußen geschützt, sie verlieren aber ihre ursprünglichen Anteile. Das französische Recht und der Referentenentwurf hingegen setzen in dieser Hinsicht viel strengere Maßstäbe. Diese verhindern von vornherein eine Beteiligungsveränderung, wenn keine Einstimmigkeit vorliegt. Das SpTrUG kennt seinem Wesen nach wegen der 100%igen Beteiligung des Staates an den zu privatisierenden Gesellschaften nur die beteiligungswahrende Spaltung. Möglich ist im Rahmen einer mittelbaren Beteiligung der Treuhandanstalt aber auch eine beteiligungsverändernde Spaltung. Wie schon erläutert könnte es durchaus sein, daß ein Beteiligungsverhältnis für eine Aktiengesellschaft als Aktionärin nachteilig ist. Diese Möglichkeit hat das SpTrUG anscheinend nicht vorgesehen.

III) Gläubigerschutz

Sehr umfassend ist der Gläubigerschutz in Frankreich und in Deutschland nach den Bestimmungen des SpTrUG und der Entwürfe des BMJ. Konsequenterweise scheidet ein Gläubigerschutz durch liquidationsrechtliche Vorschriften aus, da hier die Auflösung der übertragenden Aktiengesellschaft ohne Liquidation erfolgt. Die Nachfolgegesellschaften haften für die Schulden der übertragenden Aktiengesellschaft als Gesamtschuldnerinnen. Zunächst ist festzustellen, daß dies eine zwingende Konsequenz der der übertragenden Gesellschaft eingeräumten Freiheit der Zuordnung der Aktiven und Passiven auf die Nachfolgegesellschaften ist. Sie ist als Ausgleich zu verstehen, der im Interesse der Gläubiger festgelegt wurde. Die gesamtschuldnerische Haftung der Nachfolgegesellschaften entspricht der Bestimmung des Art. 12 der Sechsten

401 Hoffmann-Becking, ZGR 1990, 482, 491, befürwortet einen einstimmigen Beschluß über die verhältnisverändernde Spaltung. Aus den genannten Gründen ist aber dem Diskussionsentwurf des BMJ zu folgen.

Richtlinie des Rates der Europäischen Gemeinschaften vom 17.12.1982 betreffend die Spaltung von Aktiengesellschaften.[402] Nach dem heutigen deutschen Recht ist dies leider nicht möglich. Die Gläubiger der übertragenden Gesellschaft genießen einen Schutz durch die sog. Sperrfristen. Dies bestimmt sich nach den Vorschriften über die Kapitalherabsetzung (§§ 225 Abs. 1, 2 AktG) im Falle der Abspaltung und Ausgliederung. Im Rahmen einer Aufspaltung greifen die liquidationsrechtlichen Vorschriften ein. Die Anwendung des § 25 HGB ist am Einzelfall zu prüfen, wird aber i.d.R. mangels Übertragung des "Firmenkerns" auf die Nachfolgegesellschaft(en) ausscheiden.

Das Problem des Gläubigerschutzes stellt sich vor allem im Rahmen der Aufspaltung, da die übertragende Gesellschaft erlischt. Aber auch bei einer Abspaltung stellt sich dieses Problem, denn die übertragende Gesellschaft bleibt mit geringerem Kapital - also mit einer kleineren Haftungsgrundlage - bestehen. Bei der Ausgliederung besteht die übertragende Gesellschaft mit ihrem ursprünglichen Vermögen weiter, so daß sich keine nachteiligen Veränderungen für die Haftungsgrundlage ergeben. Die gerechte Lösung des Problems des Gläubigerschutzes im Rahmen der Spaltung bedarf einer Interessenabwägung:

Auf der einen Seite bedürfen die Gläubiger der übertragenden Gesellschaft eines umfassenden Schutzes, auf der anderen Seite können die Nachfolgegesellschaften nicht unverhältnismäßig durch überzogenen Gläubigerschutz beeinträchtigt werden.

a) Für die Gläubiger der übertragenden Gesellschaft besteht zweifellos der beste Schutz in der gesamtschuldnerischen Haftung der Nachfolgegesellschaften. Gerade bei der Aufspaltung, bei der die übertragende Gesellschaft - und somit auch die Haftungsgrundlage - gänzlich wegfällt, bedürfen die Gläubiger eines umfangreichen Schutzes.

b) Es erscheint aber fraglich, ob dieser Schutz nicht die zumutbare Grenze für die Nachfolgegesellschaften überschreitet. In diesem Fall müßte nämlich jede Nachfolgegesellschaft die Folgen schlechten und unwirtschaftlichen Managements anderer Nachfolgegesellschaften tragen, denn sie hätten dann für diese Schulden einzustehen.[403] Vor allem hätte die betreffende Nachfolgegesellschaft keine Einflußmög-

402 Abl.EG Nr. L 378 v. 31.12.1982, S. 47 ff.; hierzu Gäbelein, BB 1989, 1420, 1424.

403 So auch Teichmann, Die AG 1980, 85, 90 f.

lichkeiten auf ihre Haftung. Zu jedem Zeitpunkt müßte sie mit ihrer Inanspruchnahme für Schulden der anderen Nachfolgegesellschaften rechnen. Freistellungsansprüche gegenüber anderen Nachfolgegesellschaften wären nur eine unbefriedigende Lösung, da diese allein im Innenverhältnis (also bezüglich der Regreßansprüche) eine Rolle spielen. Nach außen müßte die Nachfolgegesellschaft weiterhin voll haften. Eine solche Einschränkung der wirtschaftlichen Autonomie der Nachfolgegesellschaften würde den Anreiz der Spaltung erheblich reduzieren. Hier scheint die französische Lösung ein gelungener Kompromiß zwischen den Interessen der Nachfolgegesellschaften und der Gläubiger zu sein.[404] Die Möglichkeit der Nachfolgegesellschaften, die gesamtschuldnerische Haftung ausschließen zu können, ist sinnvoll, um die Attraktivität der Spaltung zu gewährleisten. Falls jedoch die Gläubiger gefährdet sind, wird - nach Widerspruch - die Gesamtschuldnerschaft der Nachfolgegesellschaften wieder hergestellt. Auch der Diskussionsentwurf und der Referentenentwurf sehen die Gesamtschuldnerschaft der Nachfolgegesellschaften vor. Nach § 146 DisE greift die gesamtschuldnerische Haftung jedoch erst subsidiär ein, wenn die Gläubiger keine Befriedigung erlangen konnten. Der Referentenentwurf läßt gemäß § 132 Abs. 1 S. 1 die Nachfolgegesellschaften nicht subsidiär, sondern unmittelbar haften. Sehr zu begrüßen ist, daß die Haftung im Rahmen der Gesamtschuld gemäß § 146 Abs. 1 S. 2 DisE auf das übergegangene Vermögen beschränkt ist. Diese Beschränkung besteht leider nicht im französischen Recht. Sie wurde auch nicht in den Referentenentwurf übernommen. Ihre Einführung wäre empfehlenswert, da nicht ersichtlich ist, weshalb die Gläubiger durch eine Spaltung besser darstehen sollten. Der Gläubigerschutz soll nur garantieren, daß die beim übertragenden Unternehmen bestehende Haftungsgrundlage nicht entzogen wird. Falls die Nachfolgegesellschaften ihr Vermögen vermehrt haben, gehört dies nicht mehr zur Haftungsgrundlage. Art. 12 Abs. 3 der Sechsten EG-Richtlinie betreffend die Spaltung von Aktiengesellschaften sieht ausdrücklich vor, daß die Mitgliedsstaaten die Haftung auf das übergegangene Vermögen beschränken können.

Die französische Lösung ist vom Ansatz her zu begrüßen:

Das französische Recht stellt mit dem "Droit d'opposition" des einzelnen Gläubigers grundsätzlich auf eine Einzelfallprüfung ab. Das Gericht hat bei jeder Klage zu prü-

404 Zur vergleichenden Würdigung vgl. Hahn, GmbHR 1991, 242, 254 f.

fen, ob eine Gefährdung der Gläubigerinteressen in Betracht kommt. Erst dann lebt die gesamtschuldnerische Haftung der Nachfolgegesellschaften auf. Die Entwürfe des BMJ kennen hingegen keine solche Einzelfallprüfung. Nach dem Diskussionsentwurf muß der Gläubiger zunächst alles getan haben, um eine Befriedigung zu erreichen, also z.B. den Versuch einer Zwangsvollstreckung. Dies ist eine zwingende Folge des Grundsatzes der Subsidiarität der gesamtschuldnerischen Haftung der anderen Nachfolgegesellschaften. Das Verfahren nach dem Diskussionsentwurf des BMJ ist also länger und komplizierter als nach dem Referentenentwurf. Es erscheint umständlich, den Gläubiger erst vollstrecken zu lassen, bevor die gesamtschuldnerische Haftung eintritt. Vorzugswürdig ist hier auch die französische Lösung. Das Gericht überprüft die Umstände und erspart dem Gläubiger somit eine erfolglose Zwangsvollstreckung. Die Nachteile einer Einzelfallprüfung können aber nicht geleugnet werden. Das Verfahren vor Gericht ist äußerst zeitraubend und kostspielig. In der Praxis erscheint diese Methode schwer durchführbar, vor allem bei einer größeren Anzahl von Gläubigern. Die gesamte Behandlung aller Gläubiger würde wieder zu einem Massenverfahren führen, das ja laut Gesetz gerade verhindert werden muß.

Fragwürdig erscheint die Einführung einer Sicherheitsleistung nach § 22 Abs. 1 S. 1 DisE (§ 22 Abs. 1 S. 1 RefE) bezüglich der noch nicht fälligen Forderungen. Falls der Gläubiger nachweist, daß durch die Spaltung die Erfüllung seiner Forderung gefährdet wird, kann er eine Sicherheitsleistung verlangen. Mangels besonderer Bestimmungen in beiden Entwürfen ist diese nach den allgemeinen Regeln des Bürgerlichen Gesetzbuches (§§ 232 ff. BGB) zu erbringen.[405] Fraglich ist aber, ob diese Vorschriften den Interessen der Gläubiger im Rahmen einer Spaltung gerecht werden können, da der Gesetzgeber mit diesen ursprünglich andere Zwecke erfüllen wollte. So finden die §§ 232 ff. BGB u.a. im Rahmen der §§ 562, 257 S. 2, 273 Abs. 3 S. 1 BGB Anwendung. Nach den §§ 232 ff. BGB ist ein "Wettlauf" der Gläubiger zu befürchten, wenn das Gerücht verbreitet wird, eine Gesellschaft gerate in ernste finanzielle Schwierigkeiten.[406] Unter diesem Aspekt eignen sich die §§ 232 ff. BGB nicht für ein im Rahmen einer Aktiengesellschaft zu erwartendes "Massenverfahren". Wie aus den §§ 562, 257 S. 2, 273 Abs. 3 S. 1 BGB deutlich wird, handelt es sich um

405 So auch Hahn, GmbHR 1991, 242, 254 f.

406 Siehe vorherige Fußnote.

ein Verhältnis zwischen dem einzelnen Gläubiger und Schuldner. Ein "Wettlauf" der Gläubiger ist im Rahmen dieser Vorschriften nicht zu befürchten. Schließlich ist hervorzuheben, daß die praktische Bedeutung der §§ 232 ff. BGB sehr gering ist. Die Parteien einigen sich in der Regel auf eine wirtschaftlichere Art der Sicherheitsleistung, z.B. auf die Einrichtung eines Treuhandkontos.[407] Zu bedenken ist aber, daß auch die im Falle einer Kapitalherabsetzung gläubigerschützende Vorschrift des § 225 Abs. 1 AktG eine Sicherheitsleistung in den Formen der §§ 232 ff. BGB vorsieht. Der Vorzug einer Sicherheitsleistung nach § 22 Abs. 1 S. 1 DisE bzw. RefE besteht nicht zuletzt darin, daß die Wirksamkeit der Spaltung nicht gehemmt wird.[408] Eine Hemmung verursacht zusätzliche Kosten und kann zu hohen finanziellen Einbußen der übertragenden Aktiengesellschaft führen.
Im Ergebnis ist die gesamtschuldnerische Haftung der Nachfolgegesellschaften und im Falle der Abspaltung und Ausgliederung auch der übertragenden Gesellschaft zu befürworten. Zwar ergeben sich zahlreiche Divergenzen zwischen den Lösungen der Entwürfe des BMJ, des SpTrUG und des französischen Gesetzes von 1966. Im Grundsatz aber gleichen sie sich.

IV) Arbeitnehmerschutz

1) Übergang der Arbeitsverhältnisse

In Deutschland wird dem Arbeitnehmerschutz dadurch Rechnung getragen, daß die zentrale Vorschrift des § 613a BGB auch im Rahmen der Spaltung Anwendung findet. Dies gilt für alle Untersuchungsebenen (hinsichtlich der Spaltung durch die Treuhandanstalt ist § 613a BGB jedoch im Gesamtvollstreckungsverfahren bis zum 31.12.1992 nicht anzuwenden. Dies hängt mit der desolaten Infrastruktur der Betriebe zusammen, die von Grund auf neu organisiert werden müssen. Diese Restrukturierungsphase bringt auch eine drastische Reduzierung der Zahl der Arbeitnehmer mit sich). Auch im französischen Recht gehen die Arbeitsverhältnisse auf die Nachfolgegesellschaften über. Ein Recht zum Widerspruch gegen den Übergang

---

407 Palandt/Heinrichs, BGB, Überblick vor § 232 Rdnr. 3.

408 Siehe Begründung des BMJ zum RefE, S. 169 und zum DisE, S. 131.

seines Arbeitsverhältnisses hat der Arbeitnehmer jedoch nicht. Der Unterschied macht sich aber nur bei der Abspaltung und Ausgliederung bemerkbar, da auch im deutschen Recht dem Arbeitnehmer im Rahmen einer Aufspaltung kein Widerspruchsrecht zustehen kann. Dies ist eine logische Folge des Erlöschens der übertragenden Gesellschaft. Ein Unterschied zwischen den beiden Rechtssystemen ist hier somit nur bei der Abspaltung und Ausgliederung ersichtlich, nicht bei der Aufspaltung. Schließlich ist zu bemerken, daß in Deutschland gemäß § 613a Abs. 2 S. 1 BGB die übertragende Gesellschaft als Gesamtschuldnerin neben der Nachfolgegesellschaft für Verbindlichkeiten haftet, soweit sie vor dem Zeitpunkt des Übergangs entstanden sind und vor Ablauf von einem Jahr nach diesem Zeitpunkt fällig werden. Nach dem SpTrUG und den Entwürfen haften die Nachfolgegesellschaften aber schon gemäß § 11 SpTrUG bzw. §§ 146 Abs. 1, 199 Abs. 1 S. 2, 173 Abs. 1 S. 2 DisE (§ 132 Abs. 1 S. 1 RefE) für die vor Spaltungsvollzug begründeten Verbindlichkeiten gesamtschuldnerisch. Es bedarf somit nicht mehr der Regelung des § 613a Abs. 2 S. 1 BGB. In Frankreich bleibt die Forderung des Arbeitnehmers aus dem Arbeitsvertrag nur im Falle eines ausdrücklichen Widerspruchs seitens des Arbeitnehmers bestehen. In dieser Hinsicht ist das deutsche Recht arbeitnehmerfreundlicher als das französische.

2) Haftung für Sozialplanansprüche

Sowohl in Deutschland im Rahmen des SpTrUG als auch in Frankreich stellt sich das Problem der Haftung für Sozialplanansprüche im Falle des Sozialplanabschlusses nach Spaltungsvollzug. Hier sind die Arbeitnehmer vor Schuldabwälzungen auf bestimmte Nachfolgegesellschaften und eines damit zusammenhängenden Konkursrisikos weitgehend ungeschützt.[409]

---

409 Zu den Verbesserungsvorschlägen vgl. den Abschnitt über die Treuhandanstalt unter 1. Teil, B VI 2 b bb.

V) Vergleich der Unterschiede, die sich aus der Besonderheit einer Spaltung zwecks "Privatisierung" gegenüber einer herkömmlichen Spaltung in Deutschland und Frankreich ergeben

1) Rolle der Hauptversammlung

Die Bedeutung der Hauptversammlung ist in den beiden Ländern von dem Maße staatlicher Beteiligung abhängig. Es lassen sich vier verschiedene Fallkonstellationen unterscheiden:

a) Der Staat ist Inhaber aller Anteile.
b) Der Staat hält 75% der Anteile in seinen Händen.
c) Der Staat ist Inhaber von weniger als 75% der Anteile.
d) Der Staat hat keine Aktienmehrheit.

Fall a

Der Staat hat in diesem Fall den stärksten Einfluß auf die Gesellschaft. Nach französischem Recht besteht nicht einmal mehr eine Hauptversammlung.[410]
Dies ist hinsichtlich der Funktion der Hauptversammlung nicht weiter von Interesse, da die Beschlüsse immer einstimmig erfolgen werden. Sehr bedenklich ist es aber, wenn sich der Vorstand in französischen Aktiengesellschaften wegen der Homogenität der Hauptversammlung nicht nur vom Gesellschaftszweck, sondern auch von öffentlichen Belangen leiten läßt.

Fall b

Sowohl in Deutschland als auch in Frankreich bedürfen die betreffenden Beschlüsse immer einer Dreiviertelmehrheit. Falls sich mehr als 75% der Anteile an der betreffenden Aktiengesellschaft in öffentlicher Hand befinden, verliert die Hauptversammlung ihre Bedeutung bei der Beschlußfassung. Den privaten Aktionären bleibt hier nur noch die Möglichkeit einer Anfechtung des Beschlusses. In dieser Fallkonstellation stellt sich die Frage der Möglichkeit einer beteiligungsverändernden Spaltung. Sowohl in Frankreich als auch in Deutschland nach heutigem Recht und nach

410 Siehe Linotte, Juris-Classeur, Civil Annexes, Vol.3 , Fasc. 155, S. 19, Rdnr. 175.

dem Referentenentwurf ist ein einstimmiger Beschluß hierüber zu fassen. Im Diskussionsentwurf wurde versucht, sich vom Grundsatz der Einstimmigkeit zu lösen, in dem der überstimmten Minderheit ein Widerspruchsrecht gewährt wurde. Dieser Gedanke ist - wie schon erwähnt - im Referentenentwurf nicht wiederaufgenommen worden.

Fall c

Umgekehrt ist der staatliche Einfluß im Rahmen einer Spaltung dann geringer, wenn eine Sperrminorität von mehr als 25% privater Anteile besteht. Diese Minderheit kann dann jeden Spaltungsbeschluß und nach heutigem deutschen Recht vor allem den Kapitalherabsetzungsbeschluß im Falle der Abspaltung und Ausgliederung und den Auflösungsbeschluß bezüglich der übertragenden Gesellschaft bei einer Aufspaltung blockieren. Ob der Staat mehr oder weniger als 25% Anteile besitzt, ist gleichgültig, solange nicht die Grenze von 75% erreicht ist. Zu bemerken ist, daß nach deutschem Recht - anders als nach französischem Recht - der Staat gemäß der hier vertretenen Definition des "staatlichen Unternehmens" in jedem Falle mehr als 50% der Anteile in seinem Besitz halten muß. In letzterem Fall wird keine staatliche Mindestbeteiligung vorausgesetzt.

Fall d

Dieser Fall ist im Rahmen dieser Arbeit nicht weiter von Interesse. Es handelt sich dann um eine herkömmliche Spaltung, die keine Privatisierung zum Ziel hat.

2) Rolle des Vorstandes

Gerade bei einer sehr hohen staatlichen Beteiligung stellt sich das Problem, ob der Vorstand eigenständig handelt. Im deutschen Recht ist er hierzu in jedem Fall nach dem Aktiengesetz verpflichtet. In dieser Hinsicht ist das SpTrUG nicht unbedenklich. Gerade bei nur mittelbarer Beteiligung der Treuhandanstalt an Aktiengesellschaften kann es zu Kollisionen mit den Bestimmungen des Aktiengesetzes kommen. Wenn der Gesetzgeber sich für die Gründung von Nachfolgegesellschaften in privatrechtlicher Form entscheidet, muß er daraus die Konsequenzen ziehen. Maßgebend ist demnach allein das Gesellschaftsinteresse. Im Falle einer Kollision mit den öffentlichen Belangen ist jenem der Vorzug zu geben. Dieses Problem, das sich nur bei streng juristischer Betrachtungsweise stellt, findet in Frankreich nur wenig Beachtung. Es wird zwar erkannt, jedoch dadurch gelöst, daß bei einer rein staatlichen Beteiligung nicht nur vom Interesse der Gesellschaft auszugehen ist, sondern auch vom Gemeininteresse ("intérêt général"). Als Grundsatz gilt jedoch auch im französischen Recht, daß in erster Hinsicht ausschließlich die Gesetze über die privatrechtlichen Gesellschaften anzuwenden sind. Dies ist eine zwingende Konsequenz der Wahlmöglichkeit des Staates, sich entweder für eine öffentlich-rechtliche oder privatrechtliche Unternehmensform zu entscheiden. Weshalb dann noch eine Berücksichtigung des Gemeininteresses erfolgen kann, erscheint inkonsequent.

3) "Gefahr" der Anfechtung durch einzelne Aktionäre

Das Risiko einer Anfechtung und somit Lähmung des Spaltungsverfahrens für längere Zeit besteht, solange der Staat nicht Inhaber aller Anteile an der Aktiengesellschaft ist. Dies stellt aber für einzelne Private im Falle einer staatlichen Beteiligung von mehr als 75% die einzige Möglichkeit dar, sich gegen den Beschluß zu wehren.

4) Gläubiger- und Arbeitnehmerschutz

Hier besteht kein Unterschied zu einer rein privaten Beteiligung. Der Staat löst sich im Falle einer Privatisierung völlig von seiner Stellung als ehemaliger Aktionär. Für Verbindlichkeiten der übertragenden Gesellschaft kann er - wie ein privater Aktionär - nicht in Anspruch genommen werden. Es gelten dann die allgemeinen Vorschriften, die auch bei rein privater Beteiligung Anwendung finden. Dies ist gerade ein Anreiz für die öffentliche Hand, sich an Gesellschaften in privatrechtlicher Form zu beteiligen. Im Ergebnis ist festzustellen, daß Unterschiede zu einer herkömmlichen Spaltung nur in einzelnen Bereichen bemerkbar sind. Am stärksten betroffen ist die Rolle der Hauptversammlung, die mit dem Maß an staatlicher Beteiligung variiert. Im Falle einer 100%igen Beteiligung des Staates ist auf die Unabhängigkeit des Vorstandes zu achten, der sich ausschließlich vom Gesellschaftszweck leiten lassen darf.

B) Auswertung des Rechtsvergleichs

I) Vorzug der Gesamtrechtsnachfolge

Dieses Prinzip sollte in Deutschland im Rahmen der Spaltung übernommen werden. Der Grundsatz der Gesamtrechtsnachfolge im Rahmen des Spaltungsverfahrens wurde bislang nur für die von der Treuhandanstalt nach SpTrUG vorgenommenen Spaltungen eingeführt. Vorzüge sind insbesondere der geringere Arbeitsaufwand und die niedrigeren Kosten.[411] Nicht zuletzt wegen der fehlenden Gesamtrechtsnachfolge im Rahmen einer Spaltung nach heutigem deutschen Recht (außerhalb des SpTrUG) wurde von dem Spaltungsverfahren allgemein nur mit äußerster Zurückhaltung Gebrauch gemacht. Dies hängt damit zusammen, daß die Einzelrechtsnachfolge die praktische Durchführung einer Spaltung so sehr erschwert, daß diese ihren Anreiz für die Unternehmen verliert. Das Prinzip der Einzelrechtsnachfolge und die Spaltung stehen - aus praktischer Sicht - in einem krassen Gegensatz.

II) Das Problem der Mitwirkung der Hauptversammlung: Fehlt im französischen Recht eine dem Holzmüller-Urteil des Bundesgerichtshofs entsprechende gerichtliche Entscheidung?

Problematisch ist zunächst, ob bei sehr geringen Vermögensübertragungen die Mitwirkung der Hauptversammlung erforderlich sein sollte. In Frankreich ist dies anerkanntermaßen nicht der Fall: Zunächst fällt von vornherein eine Spaltung, die eine Vermögensübertragung von weniger als 10% des Wertes der eingeräumten Gesellschaftsrechte mit sich bringt, nicht unter die scission-Vorschriften. Hinzu kommt, daß die französische Börsenaufsichtskommission C.O.B. die entsprechende Anwendung der scission-Regeln erst ab umfangreicheren Vermögensübertragungen empfiehlt. Nach heutigem deutschen Recht ist die Grenze nicht exakt festgelegt. Nach dem

---

411 Siehe hierzu BR-Drucks. 71/91 vom 8.2.1991, Gesetzentwurf der Bundesregierung, Begründung zum SpTrUG, S. 17.

Holzmüller-Urteil ist vielmehr zu fragen, ob eines der wichtigsten Betriebsteile ausgegliedert wird. Nach dem Diskussionsentwurf des BMJ besteht eine Grenze in Höhe von 10% des Grundkapitals der übertragenden Aktiengesellschaft. Danach ist unter dieser Voraussetzung kein Ausgliederungsbeschluß erforderlich. Der Referentenentwurf stellt - abweichend hiervon - auf den Widerspruch von mindestens 5% der Kapitalinhaber ab. Gründe für eine solche Herabstufung der Grenze für eine Ausgliederung ohne Hauptversammlungsbeschluß sind nicht ersichtlich. Ein gewisse Autonomie des Vorstands bei kleineren Vermögensübertragungen ist sehr zu begrüßen. Einerseits besteht immer noch die Kontrolle durch den Aufsichtsrat, andererseits muß dem Vorstand ein bestimmter Handlungsspielraum zustehen. Es darf dabei jedoch nicht übersehen werden, daß die Hauptversammlung oberstes und zentralstes Organ jeder Aktiengesellschaft ist. Ihre Funktion wäre in jedem Fall bei einer Grenze von 10% des übertragenden Grundkapitals, wie dies der Diskussionsentwurf vorsieht, gewahrt. Im Ergebnis wird man die alleinige Entscheidungsbefugnis des Vorstands bei "kleineren" Spaltungen anzunehmen haben und eine Mitwirkungspflicht der Hauptversammlung verneinen müssen. Zu begrüßen ist es, wenn das Gesetz eine feste Grenze von vornherein festlegt. Im Vergleich zwischen Deutschland und Frankreich hinsichtlich der Mitwirkung der Hauptversammlung im Falle der Abspaltung oder Ausgliederung wurde die Notwendigkeit einer entsprechenden Entscheidung zum "Holzmüller-Urteil" des Bundesgerichtshofes erwogen. Zu berücksichtigen ist bei dieser These, daß dieses Urteil im deutschen gesellschaftsrechtlichen Schrifttum äußerst umstritten ist. Die Holzmüller-Entscheidung stieß auch vielfach auf Kritik.[412]

a) Fraglich ist, ob sich aus den Argumenten der Gegner des Holzmüller-Urteils auch Gründe für eine Nicht-Übertragung auf das französische Recht ergeben könnten. Wichtigstes Argument gegen das Bedürfnis einer solchen Entscheidung ist, daß die Hauptversammlung einen ausreichenden Schutz über eine Satzungsbestimmung erreichen könnte. Diese müßte die Vornahme einer Ausgliederung von der Zustimmung der Hauptversammlung abhängig machen. Eine andere Möglichkeit besteht darin, daß

---

412 Vgl. u.a. Martens, ZHR (1983), 377 ff.; Werner, ZHR 147 (1983), 429 ff.; Beusch in Festschrift für Werner, 1984, S. 1 ff.; Westermann, ZGR 1984, 352 ff.; Heinsius, ZGR 1984, 383 ff.; Semler, BB 1983, 1566, 1570 f.; Sünner, AG 1983, 169 ff.; siehe auch den Bericht zur Diskussion, ZGR 1984, 412 ff.

eine Ausgliederung in der Satzung gemäß § 111 Abs. 4 AktG an die Zustimmung des Aufsichtsrats gebunden ist.[413] Es ist aber davon auszugehen, daß sich in der Praxis die Vorstände in Deutschland dagegen wehren werden.[414] Dasselbe Problem wird sich auch in Frankreich stellen. Die Möglichkeit der Einführung einer Zustimmungspflicht der Hauptversammlung über eine Ausgliederung als Inhalt einer Satzung ist und bleibt eine rein theoretische Erwägung, sowohl im deutschen als auch im französischen Rechtssystem. Es könnte erwogen werden, eine Zustimmungspflicht durch die Hauptversammlung sei nur dann erforderlich, wenn auch gleichzeitig mit der Ausgliederung eine Satzungsänderung eintrete. In diesem Fall bedarf es gemäß § 119 Abs. 1 Nr. 5 AktG eines Beschlusses der Hauptversammlung.[415]

In Frankreich ist gemäß Art. 153 S. 1 des Gesetzes über die Sociétés commerciales (Loi no. 66-537 du 24 Juillet 1966) im Falle einer Satzungsänderung die Hauptversammlung zuständig. Diese Grenze für die Zuständigkeit der Hauptversammlung ist jedoch zu hoch angesetzt. Eine Satzungsänderung, d.h. in dem Fall eine Änderung des Unternehmensgegenstandes, wird nur in den seltensten Fällen bei einer Ausgliederung vorkommen. Eine Ausgliederung bringt in der Regel keine Satzungsänderung mit sich. Die Gesellschaft kann bei Ausgliederung eines Betriebsteils in den weitaus überwiegenden Fällen ihre Aktivitäten weiterverfolgen, wie dies auch in Deutschland der Fall ist.[416] Die Satzungsänderung ist die äußerste Grenze. Ein Schutzbedürfnis der Aktionäre ist schon vor Erreichen dieser Barriere gegeben. Es wird auch vertreten, aus dem Verlangen des Vorstandes aus § 119 Abs. 2 AktG würde ein zwingendes Recht der Hauptversammlung, also ein ihr zustehender Anspruch.[417] Dies sei gerade mit der generellen Aufgabenteilung zwischen den Organen der Aktiengesellschaft, wie dies insbesondere aus § 76 Abs. 1 AktG ersichtlich wird, nicht in Einklang zu bringen.

---

413 So Werner, ZHR 147 (1983), 440 ff.

414 Vgl. Geßler, Festschrift für Stimpel, S. 771, 788 f. Zu den Bedenken, ob eine solche in der Satzung verankerte Zustimmungspflicht der Hauptversammlung nach deutschem Recht gegen den Grundsatz der Satzungsstrenge i.S.v. § 23 Abs. 5 AktG verstößt, braucht im Rahmen dieser Arbeit somit nicht Stellung genommen zu werden. Zum Grundsatz der Satzungsstrenge vgl. u.a. Hüffer, Aktiengesetz, § 23 Rdnrn. 34 ff.

415 Siehe hierzu Geßler, Festschrift für Stimpel, S. 771, 788 f.

416 Vgl. zur deutschen Rechtslage Geßler, Festschrift für Stimpel, S. 771, 782.

417 Siehe v. Rechenberg, Die Hauptversammlung als oberstes Organ der Aktiengesellschaft, S. 65 ff.

Dieses Argument ist jedoch nicht einschlägig. Das Holzmüller-Urteil wurde gefällt, um gerade die Aufgabenverteilung des Aktiengesetzes aufrecht zu erhalten und diese im Rahmen einer offensichtlichen Gesetzeslücke nicht zu erschüttern. Der Grundgedanke der Aufgabenverteilung nach § 76 Abs. 1 AktG ist nicht verletzt worden.

b) Für das Bedürfnis eines solchen Urteils im französischen Recht sprechen mehrere Gründe: Wie schon erläutert ist die Anwendung der scission-Vorschriften rein fakultativer Natur. Demnach ist ein Schutz der Aktionäre nur unter Umständen gewährleistet.[418] Voraussetzung ist eine rechtswirksame Vereinbarung über die Anwendung der scission-Vorschriften. Überzeugend ist auch, daß nach französischem Recht die "Assemblée générale" grundsätzlich für alle Fragen zuständig ist, die über die übliche Geschäftsführung ("gestion courante") hinausgehen, auch wenn diese keine Satzungsänderung mit sich bringen.[419] Unter üblicher Geschäftsführung sollen die Maßnahmen fallen, die nicht so einschneidend sind, daß eine Mitwirkung der Hauptversammlung als geboten erscheint. Hier ist dem Vorstand aus praktischen Gründen ein Handlungsspielraum zu gewähren. Diese Autonomie wird dadurch zum Ausdruck gebracht, daß Ausgliederungen, die weniger als 10% des Grundkapitals betreffen, schon nicht mehr als solche behandelt werden. Eine Ausgliederung, die aber darüber hinaus geht, kann nicht mehr als unter die "gestion courante" fallend angesehen werden. Es handelt sich vielmehr um strukturelle Maßnahmen mit einschneidenden Rechtsfolgen für die übertragende Gesellschaft. An solchen Strukturmaßnahmen sollte der Hauptversammlung in jedem Falle ein Mitwirkungsrecht eingeräumt werden. Solche fallen nicht in die alleinige Zuständigkeit des Vorstands. Dieses Argument wurde auch im deutschen Recht von den Befürwortern der Holzmüller-Entscheidung vorgebracht.[420]

---

418 Siehe Hübner, Festschrift für Stimpel, S. 791, 801.

419 Siehe Dalloz, Répertoire des Sociétés, unter Assemblées d'actionnaires, Rdnrn. 229 ff.

420 Vgl. u.a. Geßler, Festschrift für Stimpel, S. 771, 786; Priester, ZGR 1990, 420, 434 ff. Dieser macht davon eine Ausnahme, wenn es sich - allerdings nur in Bagatellfällen - um die Gründung einer 100%igen Tochtergesellschaft handelt. Wann ein solcher Bagatellfall vorliegt, ist jedoch äußerst schwer zu beurteilen. Hier wird man - wie im französischen Recht - eine Grenze festsetzen müssen.

III) Anfechtungsmöglichkeiten und ihre Rechtsfolgen

Einerseits soll dem einzelnen Aktionär ein gerichtlicher Rechtsschutz zustehen, andererseits ist es für die Funktionsfähigkeit einer Gesellschaft nicht immer wünschenswert, wenn das gesamte Verfahren, hier der Spaltungsvorgang, gelähmt wird, bis über den Rechtsstreit endgültig entschieden ist. Gerade in den Fällen, in denen die Eintragung konstitutiver Natur ist, ist dies sehr problematisch. Es müßte ein Ausgleich zwischen diesen beiden Interessen und Gesichtspunkten gefunden werden. Es ist ersichtlich, daß beide Schutzgüter gewichtig sind. Das eine kann das andere nicht einfach verdrängen. Erforderlich ist somit ein Kompromiß, ein Mittelweg. Zu begrüßen sind die Anstrengungen des deutschen Gesetzgebers, in den Entwürfen die Anfechtungsmöglichkeiten reduzieren zu wollen. Die spaltungsspezifischen Probleme, nämlich ein gerechtes Umtauschverhältnis der Anteile und deren Wert, sollen nicht im Wege einer Anfechtungsklage beanstandet werden können. Andererseits ist es vorstellbar, daß aus sonstigen Gründen Klage erhoben wird (Beschlußfähigkeit, etc...). Hier wäre die einzige Alternative eine Anfechtungsklage mit ex nunc statt ex tunc Wirkung. Die rückwirkende Wiederherstellung der Lage vor der Spaltung wäre aber in der Praxis kaum durchführbar. Im Ergebnis muß an der Anfechtungsklage mit ex tunc Wirkung festgehalten werden.[421] Durch die Beschränkung der Entwürfe ist aber einer der häufigsten Anfechtungsgründe im Rahmen des Spaltungsverfahrens außergerichtlich zu behandeln. Die Möglichkeit eines insgesamt zügigeren Verfahrens wird hiermit gefördert. Eine entsprechende Regelung wäre auch im französischen Recht, das keine Einschränkung der Anfechtung vorsieht, wünschenswert. Die bei der Anmeldung der Spaltung erforderliche Erklärung der Vertretungsorgane gemäß § 16 Abs. 2 DisE (§ 16 Abs. 2 RefE) entspricht dem französischen Recht. Auch hier wird der Beschluß im Falle seiner Anfechtung bis zur Beendigung des Streits nicht eingetragen. Angesichts der äußerst problematischen Rückabwicklungsmöglichkeiten ist dies der einzig gangbare Weg. Eine Eintragung des Beschlusses trotz Anfechtung würde im Falle eines rechtskräftigen stattgebenden Urteils zu irreversiblen Ergebnissen führen.[422]

---

421 Vgl. hierzu Lutter, ZGR 1990, 392, 408 f.

422 Ausführlich hierzu Hommelhoff, ZGR 1990, 447, 462 ff.

Im heutigen deutschen Recht (außer SpTrUG) wird die Anfechtungsgefahr insgesamt auch durch die Zahl der erforderlichen Hauptversammlungsbeschlüsse erhöht. Es besteht hier kein einheitlicher Spaltungsbeschluß.

IV) Einordnung des "apport partiel d'actif" (Abspaltung) als "scission" (Aufspaltung)?

Angesichts der sehr unterschiedlichen Behandlung der scission und des apport partiel d'actif, stellt sich die Frage einer möglichen Gleichbehandlung der beiden Rechtsinstitute. Die Definition der Spaltung setzt nicht das Erlöschen der übertragenden Gesellschaft voraus. Elementare Voraussetzung der Spaltung ist vielmehr die Übertragung von Teilen des Gesellschaftsvermögens oder des Gesellschaftsvermögens in seiner Gesamtheit auf andere Gesellschaften. Ob die übertragende Gesellschaft erlischt oder nicht, ist nur eine Frage der Wahl des Verfahrens.[423] Es gibt mehrere Wege, um zu einer Vermögensübertragung im Rahmen einer Spaltung zu gelangen. Der eine Weg läßt die übertragende Gesellschaft erlöschen (Aufspaltung), der andere setzt die übertragende Gesellschaft neben eine Nachfolgegesellschaft (Abspaltung). Aufspaltung und Abspaltung sind nicht als gegensätzliche Verfahrensarten anzusehen, sondern vielmehr als parallele Wege, um zum selben Ergebnis zu gelangen. Der Abspaltung wird in erster Hinsicht der Vorzug gegeben, da die Gründungskosten hinsichtlich einer zweiten Nachfolgegesellschaft entfallen. Das französische Rechtssystem ist insoweit nicht einleuchtend und auch in gewisser Hinsicht widersprüchlich. Es kompliziert das Verfahren erheblich, um im Endeffekt doch zum selben Ergebnis zu gelangen. Einerseits wird zwischen der scission und dem apport partiel d'actif streng unterschieden, andererseits sind die Regeln über die scission bei Vorliegen einer Vereinbarung dann doch entsprechend anwendbar. Die Widersprüchlichkeit wird durch die dringende Empfehlung der C.O.B., die Anwendung der scission-Vorschriften zu vereinbaren, betont. Ziel des Gesetzes von 1966

---

423 Siehe auch Lutter, ZGR 392, 403. Dieser schreibt zu der Unterscheidung zwischen Aufspaltung und Abspaltung: "Und hier nun meine ich, daß sich Aufspaltung und Abspaltung nur graduell, nicht hingegen systematisch unterscheiden: ob die Ausgangsgesellschaft mit einem Teil ihres Vermögens fortbesteht, während ein oder mehrere Teile abwandern gegen Mitgliedschaftsrechte in Händen ihrer Gesellschaft, oder ob auch noch der letzte Teil weggeht und die Gesellschaft liquidationslos erlischt: das ist im Prinzip ein und dasselbe."

war es u.a., die Durchführung der Abspaltung, also des apport partiel d'actif, zu fördern. Durch die Abspaltung sollten einzelnen Gesellschaften die Möglichkeit gegeben werden, nach einer Entflechtung Gesellschaftsgruppen bilden zu können.[424] Der Streit ist nicht nur dogmatischer Natur, sondern hängt auch mit der Mitwirkungspflicht der Hauptversammlung zusammen. Würde der apport partiel d'actif unter die scission fallen, müßte in jedem Fall die Hauptversammlung hierüber einen Beschluß mit qualifizierter Mehrheit fassen. Die in dieser Arbeit erfolgte Untersuchung hinsichtlich der nicht erforderlichen Beteiligung der Hauptersammlung ist mit dieser Problematik eng verbunden. Selbst Verfechter der Ansicht, die Aufspaltung (scission) und Abspaltung (apport partiel d'actif) müßten verschieden gesetzlich geregelt werden, räumen ein, daß kein fundamentaler Unterschied bestehe. So schreiben Hémard/Terré/Mabilat in ihrem Standartwerk: "A la fusion et à la scission, on ajoutera l'apport partiel d'actif, qui s'en distingue certes, mais n'est pas cependant de nature fondamentalement différente."[425]

V) Gläubigerschutz

Der sicherste Gläubigerschutz erfolgt nach dem französischen Modell. Danach haften alle noch bestehenden Gesellschaften als Gesamtschuldnerinnen für die Pflichten und Verbindlichkeiten der übertragenden Gesellschaft. Hinsichtlich der im französischen Recht bestehenden Einzelfallprüfung bei Widerspruch eines Gläubigers bestehen allerdings Bedenken (vgl. zu diesem Problem 3. Teil, A III). Die auf dem französischen Recht aufbauenden Entwürfe des BMJ und somit auch das SpTrUG führen ohne diese Einzelfallprüfung zu einem ebenfalls zufriedenstellenden Ergebnis.

---

424 Dalloz, Répertoire des sociétés, unter fusion et scission, Nr. 211.

425 Siehe Hémard/Terré/Mabilat, Sociétés commerciales, Tome III, Nr. 771, S. 589 f.

VI) Arbeitnehmerschutz

Die Lösung über § 613a BGB und die entsprechende Lösung in Frankreich führen zu einem befriedigenden Ergebnis. Die Tatsache, daß in Frankreich dem Arbeitnehmer kein Widerspruchsrecht im Falle des Übergangs des Arbeitsverhältnisses gewährt wird, ist kein spaltungsspezifisches Problem. Im Falle der Aufspaltung ist dies ohnehin irrelevant, da der Widerspruch des Arbeitnehmers dazu führt, daß diesem seitens des "alten" Arbeitgebers aus betriebsbedingten Gründen gekündigt werden kann. Im Rahmen der Abspaltung und Ausgliederung spielt das Widerspruchsrecht allerdings eine bedeutende Rolle. Dem Arbeitnehmer soll aus einer Spaltung grundsätzlich kein Nachteil entstehen. Falls allerdings die Spaltung zwecks Sanierung eines Unternehmens geschieht, werden Nachteile nicht zu vermeiden sein. Die Haftungsbestimmungen können für die Verbindlichkeiten aus den Sozialplänen zu unbilligen Ergebnissen führen. Insbesondere ist der Schutz der Arbeitnehmer sehr gering, unter der Prämisse, daß der Sozialplan nach Spaltungsvollzug abgeschlossen wird.

Conclusio

Die französischen Gesellschaftsrechtler Andrieux, Direz und Gilbert schreiben in ihrem Standardwerk: "Les fusions et opérations assimilées (also insbesondere die scission und darüber hinaus der apport partiel d'actif) ne sont que l'aboutissement d'une longue période préparatoire comportant des étapes successives".[426] Wie im Rahmen dieser Arbeit festgestellt wurde, ist die Spaltung ein langes, komplexes Verfahren. Im Falle der Zielsetzung der Entflechtung von Gesellschaften gibt es aber keine vergleichbare Alternative hierzu.

Die Spaltungsmethode zwecks Privatisierung hat ein beschränktes Anwendungsgebiet: Nur im Rahmen der Notwendigkeit einer Entflechtung von zu unübersichtlich gewordenen Gesellschaften ist diese einschlägig.

Die Spaltung ist nicht eigens eine Methode der Privatisierung, sie gliedert sich aber hervorragend in ein solches Privatisierungsverfahren ein.

Die zahlreichen Vereinfachungen des Verfahrens, so u.a. die Auflösung der übertragenden Aktiengesellschaft ohne Liquidation und die Übertragung des Vermögens durch Gesamtrechtsnachfolge, lassen die Spaltungsmethode attraktiver erscheinen. Die Verfahrenshindernisse, die Spaltungen im Wege standen, wurden vom Gesetzgeber in Frankreich und in Deutschland im Rahmen des SpTrUG und der Entwürfe des BMJ in großem Umfang beseitigt.

Die Tatsache, daß trotz bestehender gesetzlicher Regelung die Spaltung zwecks Privatisierung in Frankreich bis heute nicht vorkam, ist nicht unbedenklich.

Es liegt nahe, das Spaltungsverfahren zwecks Privatisierung als nur für die Restrukturierung geeignet anzusehen. In jedem Fall ist ersichtlich, daß diese Methode nur dann einschlägig erscheint, wenn ein Unternehmen wegen seines zu unübersichtlich gewordenen Volumens als solches nicht weitergeführt werden kann. Insbesondere sind die an Private zu verkaufenden Anteile in dieser Form unveräußerlich. Gesellschaften, die in dem Maße angeschlagen sind und gleichzeitig privatisiert werden müssen, sind in Frankreich anscheinend bis jetzt nicht in Erscheinung getreten.

---

426 Vgl. Andrieux/Direz/Gilbert, Traité pratique des sociétés anonymes, Nr. 1257.

Das Spaltungsverfahren birgt erhebliche Gefahren für die Beteiligten in sich. Gerade wenn - wie bei einer Privatisierung von gemischt-wirtschaftlichen Unternehmen - der Staat als Großaktionär auftritt, bedeutet dies eine starke Gefährdung der Minderheit von privaten Aktionären. Vor allem die beteiligungsverändernde Spaltung kann zu Mißbrauchsfällen führen. Insbesondere gilt es, eine "Abwälzung" der Schulden auf bestimmte Nachfolgegesellschaften zu Lasten der Gläubiger oder auch eine beteiligungsändernde Spaltung mit der Folge des "Ausschaltens" einer Aktionärsminderheit zu verhindern.

Auch ist darauf zu achten, daß der Vorstand nur im Interesse der Gesellschaft, nicht jedoch im öffentlichen Interesse, handelt. Dieser Grundsatz wird in Frankreich nicht strikt genug gehandhabt. Falls der Staat als Aktionär einer in privatrechtlicher Form geführten Aktiengesellschaft auftritt, sind ausschließlich die Normen des Aktienrechts maßgebend. Dies ist die zwingende Folge der Beteiligung an einer juristischen Person des Privatrechts, hier einer Aktiengesellschaft.

Hinsichtlich des Gläubiger- und Arbeitnehmerschutzes ergeben sich aus der Besonderheit einer Spaltung zwecks Privatisierung keine Unterschiede zu einer "herkömmlichen" Spaltung. Der Staat löst sich von seiner Stellung als früherer Aktionär. Sowohl in Deutschland als auch in Frankreich gehen die Arbeitsverhältnisse auf die Nachfolgegesellschaften über. Für die Verbindlichkeiten der übertragenden Aktiengesellschaft haften die Nachfolgegesellschaften gesamtschuldnerisch (außer nach heutigem deutschen Recht, vom SpTrUG abgesehen).

Wichtig ist die Feststellung, daß auch bei Angleichung der nationalen Gesetze an die Sechste Richtlinie der Europäischen Gemeinschaften vom 17.12.1982 zahlreiche Unterschiede zwischen dem französischen Gesetz von 1966 (1988 abgeändert) einerseits und den Entwürfen des BMJ und dem SpTrUG andererseits bestehen. Dies wird schon bei den verschiedenen Grundsatzdefinitionen der Spaltung deutlich. Das französische Recht versteht unter der Spaltung als scission nicht die drei Spaltungsarten im deutschen Sinne, sondern faßt nur die Aufspaltung darunter. Die französische Aufteilung der Aufspaltung, Abspaltung und Ausgliederung in verschiedene Rechtsinstitute hat für die Beteiligung der Hauptversammlung an dem Spaltungsbeschluß gravierende Folgen.

Bei der Abwendung spaltungsspezifischer Gefahren ergeben sich ebenfalls Diskrepanzen gegenüber dem SpTrUG und dem Diskussions- und Referentenentwurf des

BMJ, zum einen im Rahmen des Gläubigerschutzes und zum anderen unter dem Aspekt des Arbeitnehmerschutzes.

Resümee in französischer Sprache

Aprés la Réunification allemande, de nombreuses entreprises de l'ancienne Allemagne de l'Est durent être réorganisées. Ces entreprises étaient souvent dans un tel état qu'une privatisation ne pouvait être envisagée. Une scission de nombres de ces entreprises était nécessaire afin de pouvoir privatiser ces dernières. Cette scission devait permettre une réorganisation complète de l'entreprise en question. Face à de tels problèmes le gouvernement allemand se sentit obligé de créer une nouvelle loi réglant ce nouveau processus, jusqu'à ce jour inconnu en Allemagne. En effet la scission se produisait avant cette Loi non pas à titre universel mais à titre particulier. Il était aussi nécessaire que la société apporteuse dût être liquidée, pour ne citer que quelques inconvénients de la situation avant la nouvelle loi.
Pourtant la méthode de scission en général est répandue dans d'autres systèmes légaux, surtout en France. La Loi de 1966 complétée par celle de 1988 régle la méthode de scission. La France possède une grande expérience concernant la scission en général. Par contre la scission d'entreprises afin de privatiser ces dernières n'a pas encore été pratiquée. Malgré une Loi prévoyant cette méthode justement comme méthode de privatisation (art. 1 de la Loi N°. 86-912 du 6 Août 1986) il n'existe pas d'exemples à ce sujet.

1) Différences et points communs entre le Droit français et le Droit allemand

Il faut différencier entre la loi allemande d'aujourd'hui concernant le processus de privatisation de la "Treuhandanstalt" et la scission en général. La Loi concernant la "Treuhandanstalt" a été fortement influencée par le projet de loi du Ministère allemand de la Justice de 1988.

a) Définition de la scission en Allemagne et en France

Alors qu'en France la scission demande la dissolution de la société apporteuse, ceci n'est pas le cas en Allemagne. Le Droit français connaît toutefois l'apport partiel d'actif qui - lorsque les articles concernant la scission (art. 371-386 de la Loi du 24 juillet 1966) doivent être respectés - mène au même résultat que le Droit allemand. Malheureusement les articles concernant la scission ne doivent pas être obligatoirement respectés. Comme le prévoit l'article 387 de la Loi du 24 juillet 1966, les sociétés peuvent décider d'un commun accord de soumettre l'opération aux dispositions des articles 382 à 386 de la Loi du 24 juillet 1966. La C.O.B. conseille fortement de conclure un tel accord. Ceci veut dire que sous certaines conditions un apport partiel d'actif ne nécessite pas l'accord de l'assemblée générale, alors que ce dernier est toujours obligatoire en ce qui concerne le processus de scission.

Ce phénomène peut paraître choquant pour un juriste en Droit des affaires allemand. En effet, l'assemblée générale pouvant entre autres déterminer le Conseil de surveillance, est considérée comme l'organe le plus important d'une société anonyme. Le Droit français nécessiterait-il un arrêt juridique comblant cette lacune? Un tel arrêt existe en Allemagne. Il concerne l'apport partiel d'actif sous les conditions juridiques d'aujourd'hui, apport qui ne fait donc pas encore l'objet d'une loi.

Il est important de remarquer que la scission se passe sans liquidation de la société apporteuse. En effet une liquidation n'est point nécessaire. Contrairement à ceci la loi allemande actuelle exige encore - à part la loi concernant la "Treuhandanstalt" - la liquidation de la société apporteuse.

Alors que le Droit français ne différencie pas entre l'apport partiel d'actif où les actionnaires de la société apporteuse deviennent directement actionnaires des sociétés nouvelles et le cas où la société apporteuse elle-même détient les actions des sociétés nouvelles, le Droit allemand considère ceci autrement. Le fait que les actionnaires de la société apporteuse ou cette société elle-même détiennent les actions nouvelles, justifie une différenciation.

En effet l'actif social de la société apporteuse ne peut pas être comparé à la fortune personnelle des actionnaires. En tant que personne morale, la société apporteuse détient son propre capital. Si la société apporteuse obtient elle-même les actions des sociétés nouvelles, il ne s'agit en fait que d'un échange d'actifs.

Une chose commune entre le projet de loi allemand et le Droit français est le fait que pour un apport de moins de 10% du capital de la société apporteuse, il n'est plus question de scission. Ceci garantit une certaine autonomie du Conseil d'administration puisque l'assemblée générale n'a en conséquence pas à en décider.

b) Procédure de scission

En France, l'Assemblée générale a à délibérer sur la scission comme le prévoit le projet de loi allemand et la loi sur la "Treuhandanstalt". D'aprés la loi allemande actuelle, l'Assemblée générale doit décider de plusieurs questions. Il n'existe pas de décision globale concernant la scission.
En ce qui concerne la création de sociétés nouvelles, la loi veille à ce que ces dernières soient pourvues du capital nécessaire. Il s'agit là de création de sociétés comme elle se produit en régle générale.
Dans le cas d'une scission-ségrégation, la Loi française de 1966 demande le consentement de chaque actionnaire concerné. Cette protection de minorité d'actionnaires peut poser de problèmes pratiques étant donné que l'unanimité n'est que rarement faisable.

c) Protection des créanciers

Les créanciers sont protégés par le fait que les nouvelles sociétés sont solidairement responsables pour les dettes de la société apporteuse. Ceci empêche un déchargement des dettes sur une certaine société nouvelle. Le système français de décision prise par le Tribunal de Commerce en cas de danger pour les créanciers paraît être trés compliqué malgré les avantages d'une étude très précise de chaque cas concret. En effet un tel processus demande beaucoup de temps et peut être en plus de cela trés coûteux.

d) Protection des employés

Les contrats de travail sont pris en charge par les sociétés nouvelles.
Alors qu'en Allemagne, l'employé peut faire opposition dans le cas d'un apport partiel d'actif (le problème ne se pose pas pour une scission car la société apporteuse est obligatoirement dissoute), ceci n'est pas le cas en France.
En ce qui concerne les plans sociaux, il faut différencier entre ceux décidés avant la scission et après cette dernière.
En effet, pour les dettes contractées une fois la scission achevée, chaque société nouvelle est elle-même responsable. Il n'existe plus alors de responsabilité solidaire, comme le prouve l'article 385 de la Loi du 24 juillet 1966. Ceci entraîne un danger évident pour les employés. La seule solution à ce problème est d'achever le plan social avant la fin du processus de scission.

2) Problèmes se posant dans le cadre de la comparaison franco-allemande

La question primaire qui se pose est de savoir pourquoi il n'existe point d'exemples de scission comme méthode de privatisations.
La Loi du 6 Août 1986 prévoyant explicitement cette méthode comme moyen de privatisation, cela paraît tout de même frappant.
La réponse à cette question pourrait être le fait que les sociétés de l'ancienne R.D.A. étaient dans un état tel qu'une scission était la seule possibilité de privatiser ces gigantesques entreprises.
Sans aucun doute de telles situations extrêmes n'ont jamais existé en France jusqu'à ce jour.
Une autre raison pourrait être le coût d'une scission et le processus complexe de cette méthode, mais étant donné qu'une fusion de sociétés - celle-ci au contraire trés répandue - est aussi coûteuse et complexe qu'une scission, cela ne peut donc pas expliquer ce phénomène.

En Allemagne comme en France, la scission (et l'apport partiel d'actif lorsque celui-ci est soumis aux articles 382-386 de la Loi du 24 juillet 1966) demande une majorité de 75% des actionnaires. Dans le cas d'une société d'économie mixte, une minorité

d'actionnaires privés peut bloquer toute scission si elle détient plus de 25% du capital de la société. Si ce n'est pas le cas, l'Etat contrôle alors entièrement cette dernière.
La loi concernant la "Treuhandanstalt" et le projet de loi allemand sont apparement fortement influencés par la loi française du 24 juillet 1966. Il en est de même pour la directive de la Communauté Européenne du 17 décembre 1982.
Dans le cas d'une société d'économie mixte ou société à capital public se pose le problème de l'indépendance du conseil d'administration vis-à-vis de l'Etat en tant qu'actionnaire. Etant donné que la société anonyme est de nature juridique privée, le conseil d'administration doit garder son indépendance. Ce dernier ne doit se laisser guider que par l'intérêt de la société et non par l'intérêt général. Ce principe fondamental n'est pas toujours respecté en France. Il en est de même pour les sociétés de la "Treuhandanstalt". L'Etat ayant décidé d'agir par l'intermédiaire de sociétés de nature juridique privée, il doit respecter les lois concernant ces dernières comme s'il était un actionnaire particulier.

Literaturverzeichnis

Adomeit, Klaus/**Eiden**, Stephan/**Schack**, Axel, Arbeitsrecht und Privatisierung von Unternehmen durch die Treuhandanstalt, in: Arbeit und Arbeitsrecht (AuA) 1991, 5.

Andrieux, Ph./**Direz**, H./**Gilbert**, L., Traité pratique des sociétés anonymes, Paris 1982.

Bärmann, Johannes, Die Unternehmenspaltung nach französischem Recht, in: ZVglRWiss. 81 (1982), 251.

Barz, Carl Hans, Die durch die Aktienrechtsreform 1965 veranlaßten Satzungsänderungen, in: Die AG 1966, 40.

Baudeu, Guy/**Bellargent**, Guy, Fusion de sociétés, Juris Classeur sociétés, Paris 1970.

Bauer, Jobst-Hubertus, Kein Widerspruchsrecht des Arbeitnehmers bei Betriebsübergang, in: NZA 1990, 881.

Baumbach-Duden-Hopt, Handelsgesetzbuch, 28. Aufl., München 1989 (zitiert: Baumbach-Duden-Hopt, HGB).

Baums, Theodor, Anmerkung zu OLG Hamm, Beschluß v. 22.5.1979, in: BB 1981, 262.

Ders., Eintragung und Löschung von Gesellschafterbeschlüssen, Heidelberg 1981.

Belling, Detlev W./**Collas**, Martin, Der Schutz der Arbeitnehmer vor den haftungsrechtlichen Folgen einer Betriebsaufspaltung, in: NJW 1991, 1919.

Belling, Detlev W./**Müsgen**, Thomas K., Arbeitsrechtliche Aspekte der Sanierung von Betrieben in den neuen Bundesländern, in: NZA 1991, Beilage 1, S. 7.

Bertrel, Jean-Pierre/**Jeantin**, Michel, Acquisitions et fusions des sociétés commerciales, 2ème édition, Paris 1991.

Bézard, Pierre, La société anonyme, Paris 1986.

Biasca, Pierre, Fusion, scissions de sociétés et droit des tiers, in: Gaz. Pal. 1969, 1. Doctrine, S. 86.

Böhringer, Walter, Die Privatisierungsreform im Osten aus grundbuchrechtlicher Sicht, in: BB 1991, Beilage 13, S. 1.

Boizard, Martine, L'abus de minorité, in: Rev. des soc., Nr. 106, 1988, S. 365.

Bolze, C., Note. - Effets d'une scission partielle sur les engagements contractés par la scission apporteuse, in: Rev. des soc. 1991, 548.

Brinkmann, Tomas, Unternehmensziele im Aktienrecht, in: Die AG 1982, 122.

Buffelan, Jean-Paul, Régime des entreprises publiques. Privatisation, in: Juris-Classeur, Civil Annexes, Volume 3, Fasc. 156.

Bundesministerium der Justiz, Begründung zum Diskussionsentwurf eines Gesetzes zur Bereinigung des Umwandlungsrechts, 1988.

Dass., Begründung zum Referentenentwurf eines Gesetzes zur Bereinigung des Umwandlungsrechts, 1992.

Canaris, Claus-Wilhelm, Rechtspolitische Konsequenzen aus der geplanten Abschaffung von § 419 BGB für § 25 HGB, in: ZIP 1989, 1161.

Casimir, Jean-Pierre/**Couret**, Alain, Droit des affaires. Gestion juridique de l'entreprise, Paris 1987.

Caverivière, Monique/**Debene**, Marc, Sociétés privatisées et stratégies actionnariales, in: Rev. des soc., Nr. 107, 1989, S. 589 ff.

Chaussade-Klein, Bernadette, Gesellschaftsrecht in Frankreich, München 1993.

Chevallier, Francois, Les entreprises publiques en France, Paris 1979.

Commandeur, Gert, Betriebs-, Firmen- und Vermögensübernahme. Eine Gesamtdarstellung der haftungsrechtlichen Probleme bei Einzelrechtsnachfolge (§§ 613a, 419 BGB; § 25 HGB; § 75 AO), München 1990.

Ders., Die Bedeutung des § 613a BGB im Bereich der ehemaligen DDR, in: NZA 1991, 705.

Cozian, Maurice/**Viandier**, Alain, Droit des sociétés, 5ème édition, Paris 1992.

Dalloz, Répertoire des Sociétés, Band I-III, Paris 1970.

Dalsace, André, A propos de la fusion et de la scission des sociétés anonymes, in: J.C.P. 1962, I 1731.

Ders., Note sur l'arrêt de la Cours de cassation du 7. décembre 1966, in: Rev. des soc. 1968, S. 51.

Däubler, Wolfgang/**Kittner**, Michael/**Klebe**, Thomas/**Schneider**, Wolfgang, Betriebsverfassungsgesetz. Kommentar für die Praxis, 3. Aufl., Köln 1992 (zitiert: Bearbeiter in DKKS, BetrVG).

Dietz, Rolf/**Richardi**, Reinhard, Betriebsverfassungsgesetz, Band 2, 6. Aufl., München 1982.

Dornberger, Gerhard/**Dornberger**, Ute, Das Gesetz zur Privatisierung und Reorganisation des volkseigenen Vermögens (Treuhandgesetz), in: DB 1990, 3042.

Duden, Konrad/**Schilling**, Wolfgang, Die Spaltung von Gesellschaften, in: Die AG 1974, 202.

Dufau, Jean, Les entreprises publiques. Etablissements publics industriels et commerciaux, entreprises nationalisées, sociétés d'économie mixte, sociétés d'état, sociétés anonymes à capitaux publics, entreprises publiques locales, Paris 1973.

Duvinage, Peter, Die Spaltung von Personengesellschaften, Köln, Berlin, Bonn, München 1984.

Eckstein, Dirk, Die wirtschaftliche Betätigung der öffentlichen Hand im Bergbau und in der Elektrizitätswirtschaft der Bundesrepublik Deutschland, Stuttgart 1966.

Emmerich, Volker, Das Wirtschaftsrecht der öffentlichen Unternehmen, Bad Homburg v.d.H., Berlin, Zürich 1969.

Engels, Gerd, Betriebsverfassungsrechtliche Aspekte des Spaltungsgesetzes. - Gesetzliches Übergangsmandat für Betriebsräte, in: DB 1991, 966.

Erman, Walter, Handkommentar zum Bürgerlichen Gesetzbuch, 8. Aufl., Münster Westf. 1989 (zitiert Erman/Bearbeiter, BGB).

Fahrenbach, Ralf-Friedrich, Das Privatisierungsverfahren nach dem Treuhandgesetz, in: DtZ 1990, 268.

Ferid, Murad, Das französische Zivilrecht, Band I, Frankfurt a.M., Berlin 1971.

Ders./Sonnenberger, Hans Jürgen, Das französische Zivilrecht, Band II, 2. Aufl., Heidelberg 1986.

Fikentscher, Wofgang, Schuldrecht, 7. Aufl., Berlin, New York 1985.

Fischer, Uwe, Die Teilung von Kapitalgesellschaften im Lichte neuer Entwicklungen des Unternehmensrechts, Diss. jur. Frankfurt/Main 1983.

Fleck, Hans-Joachim, Die Rechtsprechung des Bundesgerichtshofs zum Recht der verbundenen Unternehmen, in: WM 1986, 1205.

Fritz, Michael, Die Spaltung von Kapitalgesellschaften, Köln 1991.

Froessel, Daniel, Les scissions de sociétés. Thèse Strasbourg 1958.

Fromont, Michel, Bericht über das französische Wirtschaftsrecht, in: Kommission der Europäischen Gemeinschaften, Studien, Band 2, Brüssel 1973.

Gäbelein, Wolfgang, Die Unternehmenspaltung. Aktuelle Probleme und Gesetzgebungsvorhaben, in: DB 1989, 1420.

Ganske, Joachim, Spaltung der Treuhandunternehmen, in: DB 1991, 791.

Ders., Umwandlung von Unternehmen - Neuere Entwicklungen im Gesellschaftsrecht -, in: DB 1992, 125 f.

Geßler, Ernst, Einberufung und ungeschriebene Hauptversammlungszuständigkeiten, in: Festschrift für Walter Stimpel zum 68. Geburtstag, Berlin, New York 1985, S. 771.

Geßler, Ernst/**Hefermehl**, Wolfgang/**Eckhardt**, Ulrich/**Kropff**, Bruno, Kommentar zum AktG, München 1973 ff. (zitiert: Geßler/Hefermehl/Eckhardt/Kropff, AktG).

Geßler, Jörg H., Aktiengesetz, Stand Januar 1991, Neuwied/Frankfurt (zitiert: Geßler, AktG).

Godin, Reinhard/**Wilhelmi**, Sylvester, Aktiengesetz, 4. Aufl., Berlin 1971.

Götz, Heinrich, Die Sicherung der Rechte der Aktionäre der Konzernobergesellschaft bei Konzernbildung und Konzernleitung . - zugleich auch eine Besprechung der "Holzmüller"-Entscheidung des Bundesgerichtshofs, in: Die AG 1984, 85.

Grosser, Anke, Zur Spaltung von Treuhandunternehmen, in: WR 1991, 338.

Großkommentar Aktiengesetz, 3. Aufl., Berlin, New York 1970 ff. (zitiert: Bearbeiter in Großkomm. AktG).

Hahn, Hartmut, Zum Gläubigerschutz bei der Spaltung von Kapitalgesellschaften. Eine vergleichende Untersuchung des Entwurfs eines handelsrechtlichen Umwandlungsgesetzes vom 3.8.1988 und des französischen Gesetzes vom 24.6.1966 über die Kapitalgesellschaften, in: GmbHR 1991, 242.

Halighorst, Oliver/**Spoerr**, Wolfgang, Treuhandanstalt und Konzernrecht in der Diskussion, in: ZGR 1992, 499.

Hamel, Joseph/**Lagarde**, Gaston/**Jauffret**, Alfred, Traité de Droit commercial, Tome 2, 2ème édition, Paris 1980.

Hanau, Peter, Arbeitsrecht und Mitbestimmung in Umwandlung und Fusion, in: ZGR 1990, 548.

Heckschen, Heribert, Das Verschmelzungsrecht auf dem Prüfstand. Eine Besprechung der Entscheidung des BGH vom 22.5.1989 - II ZR 206/88, ZIP 1989, 980, in: ZIP 1989, 1168.

Heinsius, Theodor, Organzuständigkeit bei Bildung, Erweiterung und Umorganisation des Konzerns, in: ZGR 1984, 383.

Heiss, Manuela, Gläubigerschutz bei der Unternehmensspaltung, in: DWiR 1993, 12.

Hémard, Jean/**Terré**, Francois/**Mabilat**, Pierre, Sociétés commerciales, Tome III, Paris 1978.

Henn, Günter, Handbuch des Aktienrechts, 4. Aufl., Heidelberg 1991.

Hennrichs, Joachim, Wirkungen der Spaltung - Überlegungen zu §§ 126 Abs. 2, 131 Abs. 1 Nr. 1 Satz 2 des Referentenentwurfs eines Gesetzes zur Bereinigung des Umwandlungsrechtes vom 15. April 1992, in: Die AG 1993, 508.

Herzig, Norbert, Die Realteilung von Kapitalgesellschaften im Ertragsteuerrecht, in: DB 1986, 1401.

Ders./Dautzenberg, Norbert/**Heyeres**, Ralf, System und Schwächen der Fusionsrichtlinie, in: DB Beilage Nr. 12/91.

Hess, Harald/**Schlochauer**, Ursula/**Glaubitz**, Werner, Kommentar zum Betriebsverfassungsgetz, 3. Aufl., Neuwied, Darmstadt 1985.

Heymann, Ernst, Handelsgesetzbuch, Berlin, New York 1989 (zitiert: Heymann/Bearbeiter, HGB).

Heymann, Gerd, Die Spaltung von Unternehmen zur Vorbereitung der Privatisierung, in: BuW 1991, 230.

Himmelreich, Reinhard, Unternehmensteilung durch partielle Universalsukzession, Bergisch Gladbach/Köln 1987.

Hirte, Heribert, Beteiligungserwerb und Sacheinlage im Entwurf des Umwandlungsgesetzes, in: Die AG 1990, 373.

Hoffmann-Becking, Michael, Der materielle Gesellschafterschutz: Abfindung und Spruchverfahren, in: ZGR 1990, 482.

Ders., Münchener Handbuch des Gesellschaftsrechts, Band 4, Aktiengesellschaft, München 1988.

Hohmeister, Frank Udo, Handlungsbefugnisse der Treuhandanstalt und Rechtsschutzmöglichkeiten Betroffener, in: BB 1992, 285.

Hommelhoff, Peter, Die Konzernleitungspflicht. Zentrale Aspekte eines Konzernverfassungsrechts, Köln 1982.

Ders., Zur Kontrolle strukturändernder Gesellschafterbeschlüsse, in: ZGR 1990, 447.

Ders., Minderheitenschutz bei Umstrukturierungen, in: ZGR 1993, 453.

Horn, Norbert, Gesellschaftsrechtliche Probleme der Umwandlung der DDR-Unternehmen, in: Festschrift für Alfred Kellermann zum 70. Geburtstag, 1991, S. 201.

Ders., Privatisierung und Reprivatisierung von Unternehmen. Eigentumsschutz und Investitionsförderung im Lichte der neuesten Gesetzgebung, in: Peter Hommelhoff (Hrsg.), Treuhandunternehmen im Umbruch: Recht und Rechtswirklichkeit beim Übergang in die Marktwirtschaft, Köln 1991, S. 133.

Houin, Roger, Faillites et réglements judiciaires, in: Rev. trim. dr. com. 1967, S. 51.

Hoyningen-Huene, Gerrick, v./**Windbichler**, Christine, Der Übergang von Betriebsteilen nach § 613a BGB, in: RdA 1977, 329.

Hübner, Ulrich, Die Ausgliederung von Unternehmensteilen in aktien- und aufsichtsrechtlicher Sicht, in: Festschrift für Walter Stimpel zum 68. Geburtstag, Berlin, New York 1985, S. 791.

Ders./Constantinesco, Vlad, Einführung in das französiche Recht, 2. Aufl., München 1988.

Hueck, Alfred, Anfechtbarkeit und Nichtigkeit von Generalversammlungsbeschlüssen, Mannheim, Berlin, Leipzig 1924.

Hüffer, Uwe, Aktiengesetz, München 1993.

Hüpper, Bernd-Hagen, Frankreich - Die Stellung des Aktionärs in der Hauptversammlung. Eine rechtsvergleichende Kooperationshilfe, in: Die AG 1973, 330.

Internationales Institut für Rechts- und Verwaltungssprache, Öffentliche Betriebe, Europa-Glossar der Rechts- und Verwaltungssprache, Band 16, Berlin, München, Wien, Zürich, Paris 1973.

Ising, Peter/**Thiell**, Marie-Theres, Der Übergang laufender Arbeitsverhältnisse nach dem Spaltungsgesetz, in: DB 1991, 2082.

Dies., Erfahrungen mit dem Spaltungsgesetz, in: DB 1991, 2021.

Jakob, Walter, Die steuerliche Behandlung der Unternehmensteilung, Diss. jur. Bern 1983.

Javillier, Jean-Claude, Droit du Travail, 3ème édition, Paris 1990.

Joost, Detlev, Der Widerspruch des Arbeitnehmers beim Betriebsübergang und das europäische Recht, in: ZIP 1991, 220.

Juglart, Michel de/**Ippolito**, Benjamin, Cours de Droit commercial, Tome II, 7ème édition, Paris 1983.

Kallmeyer, Harald, Hauptversammlungskompetenzen in der Aktiengesellschaft. - Zugleich ein Beitrag zur Reform des Umwandlungsrechts -, in: DB 1989, 2009.

Ders., Die Reform des Umwandlungsrechts, in: DB 1993, 367.

Kerber, Markus C./**Stechow**, Wilfried, R., Das Treuhandinnenrecht. Leitungsmacht der THA durch Betriebsführungsverträge und konzernhaftungsrechtliche Folgen, in: DWiR 1992, 93.

Dies., Die Treuhandanstalt im Spannungsverhältnis zwischen öffentlichem und privatem Recht. Zum praktischen Umgang mit und zur dogmatischen Einordnung der umstrittensten Institution Deutschlands, in: DWiR 1991, 49.

Kleindiek, Detlef, Vertragsfreiheit und Gläubigerschutz im künftigen Spaltungsrecht nach dem Referentenentwurf UmwG, in: ZGR 1992, 513.

Klunzinger, Eugen, Grundzüge des Gesellschaftsrechts, 5. Aufl., München 1989.

Knüpfer, Werner, Neue gesetzliche Regelungen für die Investitionsförderung, doch kein neues Privatrecht, in: WR 1991, 137.

Ders., Rechtsprobleme der Umwandlung volkseigener Betriebe in privatrechtliche Unternehmen. Tagesbericht mit eigenem Erkenntnisgewinn, in: WR 1991, 110.

Kölner Kommentar zum Aktiengesetz, hrsg. von Wolfgang Zöllner, 2. Aufl., Köln, Berlin, Bonn, München 1986 ff. (zitiert: Verfasser in Kölner Kommentar zum AktG).

Kottmann, Bernd, Die Spaltung einer Aktiengesellschaft, München, Florenz 1986.

Kreutz, Peter, Mitbestimmungsrecht des Betriebsrates bei der Ausgliederung von Betriebsteilen, in: BlStSozArbR 1971, 209 ff.

Krieger, Albrecht, Auf dem Weg nach Europa. Die Einbindung der Bundesrepublik Deutschland in das Recht der Europäischen Gemeinschaft, in: Lutter, Marcus/Semler, Johannes (Hrsg.), Rechtsgrundlagen freiheitlicher Unternehmenswirtschaft, Köln 1991, S. 305.

Kropff, Bruno, Über die "Ausgliederung", in: Festschrift für Ernst Geßler zum 65. Geburtstag, München 1971, S. 114.

Ders., Zur Konzernleitungspflicht, in: ZGR 1984, 112.

Kübler, Bruno M., Die Gesamtvollstreckung als Instrument zur Sanierung insolventer Unternehmen, in: Peter Hommelhoff (Hrsg.), Treuhandunternehmen im Umbruch: Recht und Rechtswirklichkeit beim Übergang in die Marktwirtschaft, Köln 1991, S. 79.

Lackmann, Jens-Peter, Das Treuhandgesetz, in: DtZ 1990, 238.

Lamy Sociétés commerciales, Paris 1987 (mit Ergänzungslieferung von Februar 1988).

Langer, Joerg, Arbeitsrechtliche Aspekte des Unternehmenserwerbs in: Unternehmenserwerb in Frankreich, Heidelberg 1990.

Ders., Praxis des französischen Arbeitsrechts, 3. Aufl., Paris 1975.

Larenz, Karl, Allgemeiner Teil des deutschen Bürgerlichen Rechts, 7. Aufl., München 1989.

Latscha, Jacques, La pratique des fusions, scissions et apports partiels, 2ème édition, Paris 1967.

Le Cannu, Paul, L'abus de minorité, Bull. Joly 1986, S. 429 ff.

Lefebvre, Dominique/**Mollaret-Laforêt**, Edwige, Droit et entreprise, 3ème édition, Grenoble 1986.

Lieb, Manfred, Arbeitsrecht, 4. Aufl., Heidelberg 1989.

Linotte, Didier, Régime des entreprises publiques. Création et organisation, in: Juris-Classeur, Civil Annexes, Volume 3, Paris 1991, Fasc. 155.

Ders., Régime des entreprises publiques. Régime juridique, in: Juris-Classeur, Civil Annexes, Volume 3, Paris 1991, Fasc. 157.

Loos, Gerold, Die steuerliche Behandlung der Spaltung von Kapitalgesellschaften, in: DB 1990, 1359.

Löwisch, Manfred, Arbeitsrecht, 3. Aufl., Düsseldorf 1991.

Lüke, Wolfgang, Das Verhältnis von Auskunfts-, Anfechtungs- und Registerverfahren im Aktienrecht, in: ZGR 1990, 657.

Lutter, Marcus, Die Eintragung anfechtbarer Hauptversammlungsbeschlüsse im Handelsregister, in: NJW 1969, 1873.

Ders., Organzuständigkeiten im Konzern, in: Festschrift für Walter Stimpel zum 68. Geburtstag, Berlin, New York 1985, S. 825.

Ders., Teilfusionen im Gesellschaftsrecht, in: Wirtschaftsfragen der Gegenwart, Festschrift f. Carl Hans Barz zum 65. Geburtstag, 1974, S. 199.

Ders., Zur Binnenstruktur des Konzerns, in: Festschrift für Harry Westermann zum 65. Geburtstag, Karlsruhe 1974, S. 347.

Ders., Zur Reform von Umwandlung und Fusion - Das Konzept und seine Verwirklichung im Diskussionsentwurf -, in: ZGR 1990, 392.

Ders., Zur Vorbereitung und Durchführung von Grundlagenbeschlüssen in Aktiengesellschaften, in: Festschrift für Hans-Joachim Fleck zum 70. Geburtstag, Berlin, New York 1988, S. 169.

Marsch-Barner, Reinhard, Das Spaltungsgesetz - Rechtsinnovation im Dienste der Privatisierung, in: DWiR 1991, 89.

Martens, Klaus-Peter, Die Entscheidungsautonomie des Vorstands und die "Basisdemokratie" in der Aktiengesellschaft, in: ZHR 147 (1983), 377 ff.

Marty, Gabriel/**Raynaud**, Pierre, Droit civil, Les Biens, 2ème édition, Paris 1980.

Mayer, Dieter, Zweifelsfragen bei der Spaltung von Treuhandunternehmen, in: DB 1991, 1609.

Mercadal, Barthélémy/**Janin**, Philippe, Mémento pratique Francis Lefebvre, Sociétés Commerciales 1993, Paris 1992.

Mertens, Hans-Joachim, Unternehmensgegenstand und Mitgliedschaftsrecht - Urteilsanmerkung zu LG Mainz vom 1.4.1977 -, in: Die AG 1978, 309.

Ders., Zuständigkeiten des mitbestimmten Aufsichtsrats, in: ZGR 1977, 270.

Möschel, Wernhard, Privatisierung, Entflechtung, Sanierung von DDR-Unternehmen, in: Festschrift für Alfred Kellermann zum 70. Geburtstag, Berlin, New York 1991, S. 309.

Münchener Kommentar zum Bürgerlichen Gesetzbuch, 2. Aufl., München 1984 ff. (zitiert: Bearbeiter in MünchKomm., BGB).

Münchener Rechts-Lexikon, Band I-III, München 1987.

Neye, Hans-Werner, Die Ausgliederung bei Aktiengesellchaften nach französischem Recht - Ansätze für eine künftige Regelung im deutschen Recht -, in: DB 1982, 365.

Nguyen Quoc Vinh, Institution d'économie mixte, in: Juris-Classeur Administratif, Vol. 2, Fasc. 160.

Niederleithinger, Ernst, Beseitigungen von Hemmnissen bei der Privatisierung und Förderung von Investitionen in den neuen Bundesländern. Ein wirtschaftliches Gesetzespaket für die Beitrittsgebiete, in: ZIP 1991, 205.

Obermüller, Walter/**Werner**, Winfried/**Winden**, Kurt, Die Hauptversammlung der Aktiengesellschaft, 3. Aufl., Düsseldorf 1967.

Oetker, Hartmut/**Busche**, Jan, Entflechtung ehemaliger volkseigener Wirtschaftseinheiten im Lichte des Arbeitsrechts, in: NZA 1991, Beilage 1, S. 18.

Ott, Hans, Die Realteilung einer Kapitalgesellschaft im Ertragsteuerrecht, Bergisch Gladbach, Köln 1989.

Palandt, Bürgerliches Gesetzbuch, 51. Aufl., München 1996 (zitiert: Palandt/Bearbeiter, BGB).

Pochet, Patricia, Réflexions sur le régime juridique des privatisations, in: Rev. trim. dr. com. 1988, 369.

Priester, Hans-Joachim, Gesellschaftsrechtliche Zweifelsfragen beim Umgang mit Treuhandunternehmen, in: DB 1991, 2373.

Ders., Strukturänderungen - Beschlußvorbereitung und Beschlußfassung, in: ZGR 1990, 420.

Purwins, Hans, Finanzielle und rechtliche Risiken bei der Umwandlung volkseigener Betriebe und Kombinate, in: VIZ 1991, 41.

Püttner, Günter, Die öffentlichen Unternehmen, 2. Aufl., Stuttgart, München, Hannover 1985.

Quander, Thomas, Betriebsinhaberwechsel bei Gesamtrechtsnachfolge, München 1990.

Raiser, Thomas, Recht der Kapitalgesellschaften, München 1983.

Rechenberg, Wolf-Georg, Freiherr v., Die Hauptversammlung als oberstes Organ der Aktiengesellschaft, Heidelberg 1986.

Recordon, Pierre-Alain, La protection des actionnaires lors des fusions et scissions de société en droit suisse et en droit francais, Genf 1974.

Rehbinder, Eckard, Ausgründung und Erwerb von Tochtergesellschaften und Rechte der Aktionäre, in: Europäisches Rechtsdenken in Geschichte und Gegenwart, Festschrift für Helmut Coing zum 70. Geburtstag, München 1982, S. 423.

Ders., Zum konzernrechtlichen Schutz der Aktionäre einer Obergesellschaft - Besprechung der Entscheidung BGHZ 83, 122 "Holzmüller" -, ZGR 1983, 92.

Reschke, Torsten, Die Zuordnung von Darlehen bei der Spaltung von Treuhandunternehmen und ihre Auswirkungen im Insolvenzfall, in: DB 1992, 1509.

Rétail, L., Fusions et scissions de sociétés. Etude juridique, financière et fiscale, 4ème édition, Paris 1968.

Ripert, Georges/**Roblot**, René, Traité élémentaire de Droit commercial, Tome I, 13ème édition, Paris 1990.

Rittner, Fritz, Wirtschaftsrecht, 2. Aufl., Heidelberg 1987.

Ders., Zur Verantwortung des Vorstandes nach § 76 Abs. 1 AktG 1965, in: Die AG 1973, 113.

Ders., Zur Verantwortung des Vorstandes nach § 76 Abs. 1 AktG 1965, in: Festschrift für Ernst Geßler zum 65. Geburtstag, München 1971, S. 139 ff.

Rosener, Wolfgang/**Roitzsch**, Frank, Die Umwandlung von volkseigenen Betrieben in Kapitalgesellschaften, in: DtZ 1990, 38.

Rottnauer, Achim E., Publizität des Spaltungsplans und Gläubigerschutz, in: DB 1992, 1393.

Schiller, Andreas, Die Prüfung von Sacheinlagen im Rahmen der aktienrechtlichen Gründungsprüfungen, in: Die AG 1992, 20 ff.

Schlosser, Peter, Gestaltungsklagen und Gestaltungsurteile, Bielefeld 1966.

Schmidt, Karsten, Gesellschaftsrecht, 2. Aufl., Köln, Berlin, Bonn, München 1991.

Ders., Gesetzliche Gestaltung und dogmatisches Konzept eines neuen Umwandlungsgesetzes - Überlegungen zur legislatorischen Praxis und theorie -, in: ZGR 1990, 580.

Ders., Grundfälle zum Gestaltungsprozeß. Schwerpunktprobleme der Gestaltungsklagen und Gestaltungsurteile, in: JuS 1986, 35.

Ders., Haftungskontinuität als unternehmensrechtliches Prinzip. Plädoyer für ein neues Verständnis der §§ 25 und 28 HGB, in: ZHR 145 (1981), 2.

Ders., Handelsrecht, 4. Aufl., Köln, Berlin, Bonn, München 1994.

Ders., Universalsukzession kraft Rechtsgeschäfts. Bewährungsproben eines zivilrechtsdogmatischen Rechtsinstituts im Unternehmensrecht, in: AcP 191 (1991), 495.

Ders., Wider eine "lex Holzmüller" - §§ 251, 252 des Diskussionsentwurfs eines neuen Umwandlungsrechts in der Kritik -, in: Festschrift für Theodor Heinsius zum 65. Geburtstag, Berlin, New York 1991, S. 715.

Ders., Gläubigerschutz bei Umstrukturierungen - Zum Referentenentwurf eines Umwandlungsgesetzes -, in: ZGR 1993, 366.

Schmidt, Reiner, Aufgaben und Struktur der Treuhandanstalt im Wandel der Wirtschaftslage, in: Peter Hommelhoff (Hrsg.), Treuhandunternehmen im

Umbruch: Recht und Rechtswirklichkeit beim Übergang in die Marktwirtschaft, Köln 1991, S. 17.

Schnettler, Albert, Öffentliche Betriebe, Essen 1956.

Scholz, Franz, Kommentar zum GmbH-Gesetz mit Nebengesetzen und den Anhängen Konzernrecht sowie Umwandlung und Verschmelzung, Band II, 7. Aufl., Köln 1988.

Schulze-Osterloh, Joachim, Probleme einer Spaltung von Personengesellschaften, in: ZHR 149 (1985), 614-627.

Seiter, Hugo, Betriebsinhaberwechsel, Stuttgart, Wiesbaden 1980.

Semler, Johannes, Einschränkung der Verwaltungsbefugnisse in einer Aktiengesellschaft, in: BB 1983, 1566.

Ders., Zur Umwandlung ehemaliger Kombinate und Kombinatsbetriebe. Die Umwandlungsverordnung vom 1. März 1990, in: BB 1991, Beilage 13, S. 9 ff.

Siebert, Gerd/**Degen**, Barbara/**Becker**, Knut, Betriebsverfassungsgesetz'72, Kommentar für die Praxis, 6. Aufl., Frankfurt 1987.

Siméon, Bernard, Les fusions et scissions de sociétes, régime juridique et fiscal, Paris 1971.

Simont, Lucien, Réflexion sur l'abus de minorité, Mélange J. Ronse, S. 307.

Sonnenberger, Hans-Jürgen/**Dammann**, Reinhard, Französisches Handels- und Wirtschaftsrecht, 2. Aufl., 1991.

Spiegelhalter, Hans-Joachim, Arbeitsrechtslexikon, München, Stand Juni 1989.

Staudinger, Kommentar zum Bürgerlichen Gesetzbuch mit Einführungsgesetz und Nebengesetzen, 12. Aufl., Berlin 1978 ff. (zitiert: Staudinger/Bearbeiter, BGB).

Strobel, Wilhelm, Neues Artikelgesetz und Spaltungsgesetz mit Folgen für die DM-Eröffnungsbilanz, in: BB 1991, 636.

Sünner, Eckardt, Aktionärsschutz und Aktienrecht, Anmerkungen zur Seehafenbetriebe-Entscheidung des BGH, in: Die AG 1983, 169.

Teichmann, Arndt, Die Spaltung einer Aktiengesellschaft als gesetzgeberische Aufgabe, in: ZGR 1978, 36.

Ders., Die Spaltung von Rechtsträgern als Akt der Vermögensübertragung, in: ZGR 1993, 396.

Thiesing, Jochen, Entflechtung, in: v. Schmoller, Gustav/Maier, Hedwig/Tobler, Achim, Handbuch des Besatzungsrechts, Band I, Tübingen 1957, § 44.

Tillmanns, Wolfhard, Frankreich: Zeitliche Verlängerung der steuerlichen Begünstigungsvorschriften für Fusion, Scission und Teileinbringung, in: RIW 1983, 107.

Ders., Umwandlung, Fusion, Scission und Teileinbringung im französischen Handels- und Steuerrecht, in: Widmann, Siegfried/Mayer, Robert, Umwandlungsrecht, Band IV, Bonn, Stand Mai 1991.

Timm, Wolfram, Die Aktiengesellschaft als Konzernspitze, Köln 1980.

Ders., Die Sanierung der sogenannten "Treuhandunternehmen" zwischen Marktkonformität und Insolvenzrecht, in: ZIP 1991, 413.

Ders., Hauptversammlungskompetenzen und Aktionärsrechte in der Konzernspitze - zugleich Überlegungen zum Urteil des LG Hamburg vom 1.10.1979 -, Die AG 1980, 172.

Touffait, Adolphe, Délits et sanctions dans les sociétés, 2ème édition, Paris 1973.

Trouillat, Robert, Le droit nouveau des sociétés commerciales. La Loi du 24 juillet 1966 et les textes d'application commentés, Paris 1967.

Vasseur, Michel, Les fusions et les scissions de sociétés par actions, in: Etudes de droit contemporain, Tome III, Paris 1959, S. 45.

Viandier, A./**Caussain**, J.-J., Etudes et commentaires. Chronique Droit des Sociétés, in: J.C.P. Ed. E, 1988.II.15177, Nr. 21.

Vimont, Jean-Claude, La scission directe, in: Gaz. Pal. 1967, 1. Doctrine, p. 20.

Vossel, Herbert, Spaltung der von der Treuhandanstalt verwalteten Unternehmen, in: DStR 1991, 519.

Weimar, Robert, Die Kapitalgesellschaften "im Aufbau" in den neuen Bundesländern, in: BB 1991, Beilage 13, S. 12.

Ders., Spaltung von Treuhandunternehmen, in: DtZ 1991, 182.

Ders., Treuhandanstalt und Privatisierung, in: DB 1991, 373.

Ders., Zum Wirkungsbereich der Treuhandanstalt gegenüber ihren Gesellschaften, in: DtZ 1991, 105.

Ders./Alfes, Jochen, Betriebsbelegschaften als Investitionshemmnis in den neuen Bundesländern - Arbeitsrechtliche Fragen zum VermG, SpTrUG und THG -, in: BB 1991, Beilage 9, S. 16.

Ders./Alfes, Jochen, Einstandspflicht der Treuhandanstalt für Sozialpläne ihrer Beteiligungsunternehmen?, in: ZIP 1991, 1529.

Ders./Alfes, Jochen, Neuregelung des § 613a BGB für die neuen Bundesländer, in: DB 1991, 1830.

Ders./Bartscher, Bruno, Treuhandanstalt und Konzernrecht, in: ZIP 1991, 69.

Ders., Treuhandanstalt und Treuhandunternehmen: qualifizierte faktische Konzernverbindungen?, in: ZGR 1992, 477.

Werner, Winfried, Die Ausgliederung. Ein Beitrag zum Entwurf eines Gesetzes zur Bereinigung des Umwandlungsrechts, in: Festschrift für Karlheinz Quack zum 65. Geburtstag, Berlin, New York 1991, S. 519.

Ders., Zuständigkeitsverlagerungen in der Aktiengesellschaft durch Richterrecht ? Besprechung der Entscheidung BGHZ 83, 122 ff., in: ZHR 147 (1983), 429-453.

Westermann, Harm Peter, Organszuständigkeit bei Bildung, Erweiterung und Umorganisation des Konzerns, in: ZGR 1984, 352.

Ders., Rechte und Pflichten des mitbestimmten Aufsichtsrats und seiner Mitglieder, in: ZGR 1977, 219.

Widmann, Siegfried/**Mayer**, Robert, Umwandlungsrecht, 2. Aufl., Bonn 1981.

Wiesen, Heinrich, Der materielle Gesellschafterschutz: Abfindung und Spruchverfahren, in: ZGR 1990, 503.

Wild, Klaus-Peter, Die Treuhandanstalt ein Jahr nach Inkrafttreten des Treuhandgesetzes - eine aktuelle Zwischenbilanz, in: Peter Hommelhoff (Hrsg.), Treuhandunternehmen im Umbruch: Recht und Rechtswirklichkeit beim Übergang in die Marktwirtschaft, Köln 1991, S. 1.

Windbichler, Christine, Die Rechte der Hauptversammlung bei Unternehmenszusammenschlüssen durch Vermögensübertragung, in: Die AG 1981, 169.

Wissenbach, Thomas, Zur Umwandlung von Wirtschaftseinheiten. Ein Beitrag zur rechtstheoretischen Wertung von Umwandlung und Privatisierung in der ehemaligen DDR, in: WR 1991, 191.

Wollensak, Joachim, Realteilung einer Aktiengesellschaft. Vergleich der Lösungswege de lege lata und de lege ferenda, Diss. jur. Tübingen 1984.

Würdinger, Hans, Aktienrecht und das Recht der verbundenen Unternehmen, 4. Aufl., Karlsruhe 1981.

Zöllner, Wolfgang, Bemerkungen zu allgemeinen Fragen des Referentenentwurfs eines Umwandlungsgesetzes, in: ZGR 1993, 334.

FSC
www.fsc.org
MIX
Papier | Fördert gute Waldnutzung
FSC® C083411

Kolibri 360 GmbH
Ferdinand-Jühlke-Straße 7
99095 Erfurt, Deutschland
produktsicherheit@kolibri360.de